tredition®

www.tredition.de

AF203967

Annemarie Johann-Wessel

Unter der Sonne, die nicht schien

Meine Kinder- und Jugendjahre von 1938 bis 1948 als Chronik einer Verblendung

Mit einem Vorwort von Dr. Horst Sassin

www.tredition.de

© 2020 Annemarie Johann-Wessel

Verlag und Druck:
tredition GmbH, Halenreie 40-44, 22359 Hamburg

ISBN
Paperback: 978-3-347-12231-4
Hardcover: 978-3-347-12232-1
e-Book: 978-3-347-12233-8

Unter der Sonne, die nicht schien

Memoir von Annemarie Johann-Wessel

(25 Schwarzweißfotos im Text)

Mit einem Vorwort von Dr. Horst Sassin

„Vor der Hütte, die ich nicht hatte,

saß ich in der Sonne, die nicht schien."

(Fernando Pessoa, aus dem „Buch der Unruhe")

Über die Autorin

Annemarie Johann-Wessel wurde 1933 in Solingen geboren und lebt bis heute dort. Sie schildert in ihrem Memoir ein sie prägendes Jahrzehnt von 1938 bis 1948, das ein Jahr vor dem Ausbruch des Zweiten Weltkriegs beginnt und mit der Währungsreform endet. Ihre frühen Jahre erlebt sie als behütetes Einzelkind einer Arbeiterfamilie, dem nicht nur von den Eltern, sondern auch von zumeist kinderlosen Onkeln und Tanten viel Aufmerksamkeit geschenkt wird. Ab dem Frühjahr 1943 wechselt die als begabt eingestufte Volksschülerin auf eine sogenannte Hauptschule, die zur NS-Zeit eine Ausleseschule allgemeinbildender Art darstellt. Sie hat nun hohe Erwartungen an ihre Zukunft. Noch herrscht zwar Krieg, doch ein Endsieg steht angeblich kurz bevor ...

Im gleichen Jahr wird ihre Klasse aus der von Bombenangriffen bedrohten Klingenstadt im Rahmen einer Kinderlandverschickung in ein provisorisch eingerichtetes Landschulheim in Tabarz, Thüringen, evakuiert, wo ein straff organisiertes Lagerleben beginnt.

Schließlich erleben die regimetreuen NS-Zöglinge in Thüringen noch den Einzug amerikanischer Soldaten, die Kapitulation Deutschlands – und beinahe sogar die Übernahme durch russische Truppen, bevor sie in eiliger Flucht in die kriegszerstörte Heimatstadt zurückkehren können. All ihre Träume sind zerplatzt, doch die Notjahre des Nachkriegs zwingen zu Improvisationen und bisweilen auch zu illegalen Aktivitäten. Zum Nachdenken kommt man erst später ...

Vorwort

„... um einen Kindertag im Gedächtnis wiederherzustellen, bedürfte es tausender Bilder", urteilte der Schriftsteller Hermann Hesse im Alter und fügte hinzu: „und für keinen einzigen Tag, auch nicht einen halben, brächte das Gedächtnis die ausreichende Menge von Bildern zusammen."[1] Hesse legt eine hohe Messlatte an, der sich die Autobiografin nicht zu unterwerfen braucht, wenn sie auf ihre Kindheit zurückschaut. Vielmehr gilt es, die Spreu vom Weizen zu trennen. Ein unlösbares Problem ist die Transformation der Erinnerung, die generationenübergreifend häufig heroisiert oder viktimisiert wird.[2] Nicht hier!

Die Autorin erzählt aus der Perspektive des Kindes und der Jugendlichen, konfrontiert aber gelegentlich naiv Erlebtes mit ihrer heutigen Kenntnis. In einer politisch weit gefächerten Familie von glühenden Nationalsozialisten und überzeugten Kommunisten erlebte die 1933 geborene Autorin im „Dritten Reich" eine unbekümmerte Kindheit als begeisterte kindlich-naive Hitler-Verehrerin. Sie vermisste ihren jüdischen Kinderarzt nach dem Novemberpogrom 1938 und betete für den Sieg Hitler-Deutschlands im Zweiten Weltkrieg. Sie war ein „Sonnenkind". „Schattenkinder" waren ihr fern.

Einschneidend war die Kinderlandverschickung (KLV) der Hauptschule, nach heutigen Maßstäben eine Mittelschule, nach Thüringen, wo die 10-Jährige der Nazi-Propaganda verstärkt ausgesetzt war. Eine kontinuierliche politische Schulung betrieben die Lagermädelführerinnen, die sich als nationalsozialistisch zuverlässige Leiterinnen qualifiziert hatten. Die Leitungsebene blieb den Schülerinnen verborgen. – Aus der Literatur[2] sind Konflikte zwischen den vom NS-Lehrerbund bestimmten Lagerleitern und den von HJ bzw. BdM gestellten Lagermannschaftsführern und Lagermädelführerinnen bekannt. Zum Teil herrschte viel Desorganisation und Improvisation. Die erstrebte Zahl von 5 Millionen KLV-Evakuierten wurde wohl nicht einmal zur Hälfte erreicht. Dazu passt, dass etwa die Hälfte der

Solinger Hauptschulkinder nach einem gemeinsamen Heimaturlaub nicht in die KLV zurückkehrte.

Entsetzt erlebte die 12-Jährige den Einmarsch der US-amerikanischen Truppen bei heraushängenden weißen Fahnen. Sie hatte die nationalsozialistische Propaganda so weit verinnerlicht, dass sie eine Filmvorführung der Besatzer über die Befreiung eines Konzentrationslagers als feindliche Propaganda missdeutete. Doch allmählich wandelte sich ihr Bild von den teils afroamerikanischen US-Soldaten.

Ihre Nachkriegserinnerungen kreisen um die Probleme elementaren Mangels. Nachbarn verhielten sich solidarisch. Sie hielten still bei Schwarzbrennerei oder dem illegalen Abholzen von Bäumen. Aber die Familie erlebte auch, dass Care-Pakete vor der Ausgabe um die besten Waren geplündert waren. Köstlich ist die Episode, wie die Autorin, inzwischen ein junger Teen, selbst hergestellte Pantoffeln in Köln gegen einen Hahn eintauschte, den sie lebendig nach Solingen transportierte, während sie begehrliche Tauschangebote abwehrte.

Eine Chronik der Verblendung zu verfassen heißt, sich ihr zu stellen, ein Anlass zur Selbstreflexion. Ihre Veröffentlichung beweist Haltung.

H. S.

Anmerkungen

1) Hermann Hesse: Über das Glück, Frankfurt a.M. 2002, S. 18.

2) Vgl. Harald Welzer u.a.: „Opa war kein Nazi". Nationalsozialismus und Holocaust im Familiengedächtnis, Frankfurt a.M. 2002.

3) Vgl. Martin Rüther (Hg.): „Zu Hause könnten sie es nicht schöner haben!" Kinderlandverschickung aus Köln und Umgebung 1941-1945, Köln 2000.

8

1) Über unseren Köpfen

Und da war es wieder: dieser auf- und abschwellende Sirenenton: Fliegeralarm mitten in der Nacht. Die wichtigsten Ausweise und Papiere lagen bereit, und jetzt galt es, sehr rasch den Keller aufzusuchen.

Bisher waren wir in Solingen von Bombenangriffen immer noch verschont geblieben, aber Pflicht war es für die Bevölkerung, bei Alarm den Luftschutzkeller jederzeit und unverzüglich aufzusuchen.

Unser Haus verfügte über eine solide Unterkellerung: ein sogenannter Gewölbekeller, der zwei Ausgänge besaß. So bestand die Möglichkeit, bei Gefahr durch einen dieser beiden zu entkommen.

Neben Kartoffel- und Kohlenkisten standen dicht an dicht Stühle und Holzbänke, bestückt mit Kissen und warmen Decken. Auch einige Nachbarn, die sich in ihren eigenen Kellern nicht so sicher fühlten, baten gelegentlich um Einlass.

Zunächst war es für uns Kinder (Abb.1) ein willkommenes Abenteuer, in der Nacht diesem Treiben dort unten zuzusehen. Die sorgenvollen Blicke unserer Eltern schreckten uns nicht, denn es passierte ja doch nichts.

Abb.1: Wir Nachbarskinder (Annemie rechts)

Ab und zu hörte man ein tiefes Grollen der feindlichen Flieger, die hoch oben über unserer Stadt wohl anderen Zielen entgegenstrebten, und selbst die Flakstellungen, die am Stadtrand Quartier bezogen hatten, blieben stumm.

Ein langanhaltender Sirenenton zur Entwarnung beendete unseren Kelleraufenthalt. Man wünschte sich für die weitere Nacht noch einen guten Schlaf, und jeder suchte mit Erleichterung seine Wohnung auf. Aber so friedlich sollte es im Folgenden nicht weitergehen.

Zur Hausgemeinschaft gehörte - im Erdgeschoss wohnend - eine sehr gläubige katholische Familie: Vater, Mutter und vier Kinder, damals im Kriegsjahr 1942 im Alter von 17, 14, 8 und 4 Jahren.

Die erste Etage teilten wir, Vater, Mutter (Abb.2) und ich (9 Jahre) mit einem alten Ehepaar, deren erwachsener Tochter und einem Sohn, der aber bereits kurz nach Kriegsbeginn den Einberufungsbefehl zur Wehrmacht bekommen hatte. An den tränenreichen Abschied erinnere ich mich heute noch.

Irgendwann kam die schreckliche Nachricht: Er war, wie es so hieß, für „Führer, Volk und Vaterland" gefallen. Erst sehr viel später erfuhren die Angehörigen: Er hatte durch einen Fenstersturz seinem Leben ein Ende gesetzt.

Vater arbeitete damals in einem großen Rüstungsbetrieb als Former und Gießer. Er war ein geselliger Mensch, der es sich am Freitagabend nach schwerer Arbeit nicht nehmen ließ, in einem Gesangverein zu singen, was zur damaligen Zeit trotz gelegentlichen Fliegeralarms noch möglich war.

Abb.2: Meine Eltern Regina und Willi Wessel

Mutter wurde als „Nurhausfrau" in Kriegszeiten zu allerlei Nebentätigkeiten herangezogen, zum Beispiel zum Essenbereiten in einer Kantine für Soldaten, die auf dem Weg zu ihren Einsätzen in unserer Stadt für einige Tage Quartier bezogen. Auch in unser Haus zog gelegentlich ein Soldat ein.

Dann erinnere ich mich, dass Mutter ebenfalls als Näherin in einer Seidenweberei arbeitete, in der inzwischen Textil für Fallschirme hergestellt wurde. Diese Fabrik, ein großer Backsteinbau, befand sich am östlichen Ende unseres Stadtteils Gräfrath, nahe der Grenze zu Wuppertal-Vohwinkel.

Über ihre Tätigkeit durfte sie nicht allzu viel sprechen, denn die Plakate „Feind hört mit" gehörten seit einiger Zeit zum Stadtbild. Standorte von Betrieben, die für die deutsche Wehrmacht arbeiteten, fielen unter Geheimhaltung, wie natürlich auch die meisten Werke der Solinger Stahlindustrie.

Für uns Kinder war es noch eine unbekümmerte Zeit. Aber auch wir bemerkten, dass unser Spielraum immer eingeschränkter wurde. Wie gern waren wir im Sommer ins weit entfernte Schwimmbad gezogen, hatten im Wald Bäume erklettert und aus den umliegenden Wiesen unserer – damals noch eher ländlichen - Umgebung große Sträuße Blumen mit nach Hause gebracht.

Nun suchten wir im Auftrag unserer Lehrer dort draußen nach Himbeer- und Brombeerblättern, die wir getrocknet bei einer Sammelstelle abgeben mussten (Abb.3). Daraus wurde Tee für unsere tapferen Soldaten hergestellt, wie man uns sagte.

Abb.3: Schüler sammeln Teeblätter

So kam mir immerhin erstmals zu Bewusstsein, dass auch ich einen wichtigen Beitrag zum Wohle unseres Volkes leisten konnte.

Mit Begeisterung war ich dabei, denn nach all den Berichten, die wir Tag für Tag im Radio zu hören bekamen, war der Endsieg Deutschland nicht mehr zu nehmen. Sondermeldungen von feindlichen Flugzeugen, die unsere Wehrmacht abgeschossen hatte, und Unterseebooten, die sie im Atlantik versenkte, häuften sich und imponierten mir außerordentlich.

Mein Kölner Onkel, ein - bis zu ihrem Verbot - erklärter Anhänger der kommunistischen Partei, machte selbst in diesen Zeiten kein Hehl aus seiner politischen Gesinnung. Er betrieb ein Schneideratelier in der Kölner Innenstadt, wo inzwischen mehrere Nazigrößen zu seiner Kundschaft gehörten, die ihn allerdings nicht verrieten, weil sie seine gute Arbeit schätzten. Denen nähte er Anzüge und änderte die Uniformen von Wehrmachtsoffizieren, wenn sie bei der Zuteilung zu groß oder klein ausfielen oder sonst irgendwie nicht passten.

Bei einem dortigen Besuch (es muss um 1939/40 gewesen sein) bewunderte ich diese schicken Kleidungsstücke, die bereit zur Abholung auf ihre Besitzer warteten.

Menschen in Uniformen sah man damals schon sehr häufig auf der Straße. Es handelte sich um Wehrmachtssoldaten der verschiedenen Dienstgrade sowie Männer in der braunen Bekleidung der Sturmabteilung, kurz SA genannt.

Gerade hier in Köln wurde ich aber auch zum ersten Mal auf Erwachsene und Kinder aufmerksam, die einen gelben Stern an Kleid und Jacke befestigt hatten.

So etwas war mir in unserer Stadt Solingen noch nie aufgefallen. Mit diesem goldenen Abzeichen konnte man doch stolz die Straßen durchschreiten, so überlegte ich mir.

Diese Menschen kamen mir allerdings scheu und bedrückt vor, und jeder von ihnen schien es eilig zu haben, seines Weges zu gehen. Als ich meinen Onkel fragte, warum ich so etwas Schönes wie diesen „Sternenorden" noch nicht bekommen habe, erwiderte er: „Das sind Schattenkinder, die brauchst du nicht zu beneiden." Eine nähere Erklärung kam nicht mehr.

Was es mit ihnen auf sich hatte, begriff ich nicht. Und einige Jahre später, als ich ihnen räumlich noch einmal sehr nahekam, wusste ich nicht einmal von ihrer Existenz, weil man sie nicht mehr sah …

2) Eine weitverzweigte Familie

Unsere Familie war nicht nur räumlich weitverzweigt, sondern driftete auch in ihren politischen Ansichten auseinander. Um sie an dieser Stelle etwas genauer vorzustellen, muss ich etwas zurückgreifen (Abb.4,5).

Mein Großvater mütterlicherseits stammte ursprünglich wohl aus Frankreich. Um die Jahrhundertwende hatte er seine neue Heimat Eisenschmitt, ein kleines Eifeldorf bei Wittlich, verlassen, da die Arbeitsmöglichkeiten dort sehr begrenzt waren. Schließlich hatte er eine Familie gegründet und musste inzwischen eine Frau und eine kleine Tochter ernähren.

In Solingen fand er recht bald in einer hiesigen Fabrik eine Anstellung als Former und Gießer. Frau und Kind ließ er daraufhin nachkommen, und so wurden sie hier sesshaft.

Vier Töchter und ein Sohn kamen in den folgenden Jahren im Bergischen Land zur Welt, und sie alle erlebten und überlebten den ersten Weltkrieg. Die Großeltern wohnten, wie später meine eigenen Eltern, in Solingen, allerdings ab 1933 im Stadtteil Ohligs.

Es müssen mühselige und entbehrungsreiche Jahre gewesen sein, wie meine Mutter mir erzählte, aber Großvater habe immer gut für seine große Familie gesorgt.

Die Kinder wuchsen auf, wurden selbstständig und gründeten eigene Familien.

Abb.4: Die Großeltern mit erwachsenen Kindern

In den 30er Jahren hatten Mutter und ihre Geschwister geheiratet: Susanna, die Älteste, einen Witwer, der zwei erwachsene Söhne mit in die Ehe brachte. Eine gemeinsame Tochter kam 1932 zur Welt.

Mia war die Zweitälteste und wie bereits berichtet, mit ihrem Mann, dem selbstständigen Schneidermeister, in Köln ansässig.

Katharina folgte ihrem Gatten Otto nach Nürnberg, wo er in einem bekannten Elektrokonzern eine führende Stellung bekleidete. Er war ein glühender Verfechter des Nationalsozialismus und 1933 bei der Machtübernahme durch Adolf Hitler in die Partei eingetreten, was bei seinem Kölner Schwager überhaupt nicht gut ankam.

Und da war noch Paula. Sie hatte jüdische Freunde, die in den 20er Jahren nach Amerika ausgewandert waren und sich dort erfolgreich niedergelassen hatten. Paula beschloss Ende der 20er, Deutschland zu verlassen und ihnen in die USA zu folgen.

Die Sorgen und Bedenken meiner Großeltern konnte sie nicht nachvollziehen, und nachdem ihre Bekannten für sie in Chicago eine Bürgschaft hinterlegt hatten, reiste sie bereits im Sommer 1930 mit dem Schiff in die Staaten (Abb.6).

Abb.5: Großmutter mit Paula (links), Regina und Adolf

Erklärte Zustimmung bekam sie allerdings nur von ihrer Kölner Verwandtschaft. Die anderen hielten sich da weitaus vorsichtiger zurück. Und Katharina als Gattin eines NSDAP-Parteigängers der ersten Stunde blieb immerhin diplomatisch, wollte sie doch keinen offenen Streit mit der Schwester riskieren.

Heftige Auseinandersetzungen gab es mit ihrem einzigen Bruder Adolf, der als überzeugter Nationalsozialist in die SA eingetreten war. Dafür zeigte sie keinerlei Verständnis.

Der Abschied von Paula sei für alle Zurückbleibenden, mit Ausnahme der Großeltern, eine Erleichterung gewesen, hieß es später. Die „Amerikanerin" hätte sonst noch die Familie gespalten.

Abb.6: Paula (links) in Chicago mit US-Freunden

Als gelernte Köchin und mit den entsprechenden Englisch-kenntnissen, die sie sich noch vor ihrer Abreise in Deutschland erworben hatte, bekam sie in kurzer Zeit eine gutbezahlte Anstellung in einem dortigen Hotel.

Im Jahr 1935 kehrte sie noch einmal zurück in ihre Heimat, aber nur für kurze Zeit, um ihre alten Eltern zu besuchen. Die politische Atmosphäre in Deutschland empfand sie als zerstörerisch und die Machthaber schlichtweg als niederträchtig.

Es folgten viele Briefe von ihr, immer mit heftigen Anschuldigungen gegen das Hitlerregime, bis mein Vater ihr in einem Antwortschreiben klarmachte, in was für Schwierigkeiten sie uns mit solchen Beschimpfungen bringen könnte, wenn die Briefe geöffnet und kontrolliert würden.

Post aus Amerika bekamen daraufhin nur noch die Großeltern – mit liebevollen Zeilen und ganz ohne Politik.

Die damaligen Streitereien in der Familie kenne ich nur aus den späteren Erzählungen meiner Eltern. Vor den Kindern hielt man sich da bedeckt. Es müssen hinter verschlossenen Türen hitzige Wortgefechte und manchmal auch schwere

Auseinandersetzungen über Adolf Hitler und seine Politik gegeben haben. Die Ansichten lagen eben weit auseinander. Meine eigenen Erinnerungen schreibe ich ab 1938, dem Jahr vor dem Kriegsbeginn, nieder.

3) Schönes und Unschönes

Frühling 1938 – ein schicksalhaftes Jahr hatte begonnen, in dem sich vielerlei ereignete, für mich eben auch außerhalb der großen Politik.

Adolf hatte geheiratet und war Vater einer Tochter geworden. Ihn bewunderte ich, wenn er in Uniform auf dem Heimweg bei meinen Eltern vorbeischaute. Er war bereits früh in die SA eingetreten und gehörte Anfang des Kriegs zu den Ersten, die sich freiwillig zur Wehrmacht meldeten (Abb. 7).

Mein Kinderarzt riet zu einer Luftveränderung, die man im wohl organisierten Rahmen einer Landverschickung in Anspruch nehmen konnte. So erlebte ich meine erste Reise, die mich weit fort von meinem Elternhaus in Solingen ins Karwendel führte.

Eine ganze Zeit vorweg fühlte ich schon eine Beklommenheit. Beim Abschied von meinen Eltern ließ ich meinen Tränen freien Lauf. Ich fühlte mich alleingelassen und regelrecht in Panik versetzt.

Erst der Anblick meiner gleichaltrigen Mitreisenden, die allesamt wohl ähnlich litten, konnte mich etwas beruhigen.

Abb.7: Adolf als Soldat

Es waren lange Stunden bis zum Ziel. Todmüde erreichten wir am späten Abend die Herberge, die nun für drei Wochen unser neues Zuhause sein sollte.

Viele Spaziergänge an frischer Luft sind mir noch in angenehmer Erinnerung. An die Mahlzeiten mit einer Auswahl von Speisen, denen ich mich im Elternhaus schon immer erfolgreich verweigert hatte, denke ich indes weniger gern zurück. Hier wurde alles gegessen, was auf den Tisch kam. Für mich eine ganz schreckliche Erfahrung!

Ein Osterpaket meiner Eltern mit Orangen und mancherlei Süßigkeiten musste unter Aufsicht geöffnet werden. Etwas Schokolade wurde im Zimmer an mich und meine vier Mitbewohnerinnen verteilt. Dann verschwand der große Rest auf Nimmerwiedersehen.

Hinzu kamen die strengen Erziehungsmethoden. Am frühen Morgen des ersten Feiertags auf dem Gang zur Toilette wünschte ich einer Betreuerin unbedarft „Frohe Ostern" und wurde daraufhin von ihr mit einer schallenden Ohrfeige bedacht (man hatte bis zum Weckruf zu schweigen), was mich fassungslos machte. So konnte ich es erst recht kaum noch erwarten, wieder nach Hause zu kommen.

Wie schön war es anschließend, wieder daheim zu sein! Das Essen schmeckte mir. Vielleicht hatte die Luftveränderung wohl auch ihren Teil dazu beigetragen. Also war diese für mich nicht allzu angenehme Zeit letztendlich doch zu etwas nütze gewesen.

Der Frühsommer kam und mit ihm eine Einladung nach Nürnberg. Katherina und Otto würden sich freuen, meine Großmutter wiederzusehen, um sie für drei Wochen verwöhnen zu dürfen. Meine Mutter solle sie, wenn irgend möglich, begleiten, und auch ich als Katherinas Patenkind sei herzlich willkommen, wie man uns schrieb.

Für Großvater, dem es gesundheitlich nicht ganz so gut ging, erklärte sich Tochter Susanna bereit zu sorgen, die mit ihrer Familie in nächster Nachbarschaft der Großeltern wohnte.

Die Fahrt nach Nürnberg war meine zweite große Reise in eine mir fremde Umgebung. Diesmal – in Begleitung meiner Lieben – war ich auf alles Kommende gespannt und aufgeschlossen für neue Erfahrungen. Das galt nicht nur für die fremde Stadt, sondern auch für das großbürgerliche Milieu: Onkel und Tante stellten ein wohlhabendes Ehepaar dar.

Ein höflicher Fahrer begrüßte uns am Nürnberger Hauptbahnhof. Mit einem feinen Wagen erreichten wir nach kurzer Fahrt das Anwesen unserer Verwandten. Trotz Müdigkeit von der langen Reise fühlte ich mich freudig überrascht von einem kleinen Hund, der uns fröhlich bellend entgegensprang.

Ich erinnere mich ebenfalls an die auffallend hübsche Tante (Abb.8) und an eine freundliche Frau, die uns Garderobe und Gepäck abnahm.

Abb.8: Meine Tante Katharina

Herzliche Umarmungen folgten, und Großmutter weinte vor Glück, ihre Tochter nach langer Zeit wiederzusehen.

Otto ließ sich entschuldigen, er würde erst am nächsten Tag von einer Geschäftsreise zurückkommen und sich schon sehr auf unser Zusammensein freuen. Als leitender Angestellter eines großen Konzerns verfügte er über einen großen Wirkungskreis, in dem er als überzeugter Parteigenosse glänzen und seine Privilegien für ein damals luxuriöses Leben voll ausschöpfen konnte.

Die Berichte, die nun folgen, sind natürlich auch Erinnerungen meiner Mutter, da ich als kleines Mädel nicht mehr alles so erzählen kann, was uns in der relativ kurzen Zeit unseres Besuchs so sehr beeindruckte. Aber daheim wurde bereits vorher sowie natürlich auch im Nachhinein viel darüber gesprochen, so dass ich mich an einiges entsinne.

Hier hatte ich mich zu benehmen, das war mir wohl klar.

Da musste man bei Tisch mit Messer und Gabel essen, was zu Hause schon mal geübt wurde, aber ansonsten für mich noch kein festes Tischritual war. Mit einer Gabel allein ging es schließlich auch einfacher.

Der reich gedeckte Frühstückstisch machte mir gute Laune, da ich immer wieder neue Leckereien entdeckte, die ich bis dato noch gar nicht kannte.

Otto nahm sich sehr viel Zeit, um mit uns gemeinsam zu frühstücken, und machte Vorschläge, was wir den Tag über so unternehmen könnten. Er selbst verabschiedete sich. Ein Fahrer kam jeden Morgen, um ihn zur Firma zu fahren.

Stets bewirtete uns die freundliche Haushälterin, die sich auch schon am Abend unserer Ankunft so nett um uns gekümmert hatte. Sie erledigte alle Hausarbeiten, kochte immer wieder die leckersten Speisen, die sogar mir als „schlechtem Esser" ganz vorzüglich schmeckten (Abb.9).

Eine Mahlzeit jedoch, die blieb mir bis heute unvergesslich: Es gab ein Fischgericht und dazu – wie ich vermutete – Blumenkohl, zwar in zerkleinerter Form, doch eben unverkennbar weiß und für mich verlockend. Meine Freude verging, als eine Gabelvoll bei mir einen Tränenschwall auslöste, zur allgemeinen Erheiterung der Tischrunde. Es handelte sich um Meerrettich …

Langeweile kam erst gar nicht auf. Es war ein schöner Frühsommer. Spaziergänge im nahegelegenen Park bereiteten

mir viel Freude. Ich durfte – unter Aufsicht - Bobby an der
Leine führen.

Abb.9: Katharina und Otto in ihrem Esszimmer

Einen Hund hätte ich mir auch für daheim gewünscht, ein Wunsch, den ich häufig äußerte, aber leider nicht erfüllt bekam (Abb.10).

Abb.10: Annemie mit Bobby

Hier wurde ich von Onkel und Tante, die kinderlos waren, verwöhnt. Was es ansonsten nur zu Geburtstagen gab, wusste ich mit begehrlichen Blicken ins Schaufenster eines Spielzeugladens immer gleich zu bekommen: Ich schaute, sie kauften.

Wie bewunderte ich die Herren in schicken Uniformen, die Onkel Otto gelegentlich zuhause besuchten, meist in den Abendstunden. Ich durfte sie mit einem artigen Knicks begrüßen, musste aber bald danach zu Bett.

Mutter berichtete später, dass es sich bei diesen Wehrmachtsoffizieren um Parteifreunde handelte. Da wurde über Hitler nur voll allgemeiner Hochachtung geredet – Otto im Kreis seiner Gesinnungsgenossen.

Die größte Freude bereiteten mir Tage, an denen sich der Onkel ausschließlich Zeit für uns nahm. Dann machten wir mit dem Auto nämlich weite Ausflüge in die Umgebung von Nürnberg (Abb. 11,12).

Ich konnte nur staunen, wenn ich im offenen Wagen dahinfuhr und nach allen Seiten schaute. Ein erklärtes Ziel war stets dort, wo man es sich gut gehen ließ. Onkel und Tante wussten, wo es den leckersten Kuchen und das beste Eis in schönen Gartenanlagen gab.

Ja, so ein Leben gefiel mir! Mutter und Großmutter immer dabei, so kam Heimweh erst gar nicht auf.

Nur meinen Vater, den vermisste ich. Man konnte lediglich ab und zu mit ihm telefonieren.

Abb.11: Mit dem Auto über Land

Im hiesigen Haushalt stellte ein Telefon zwar etwas Selbstverständliches dar, aber eben nicht bei uns daheim. Da musste

er von einer Gaststätte aus oder der - weit entfernten - Tele-
fonzelle anrufen.

Abb.12: Picknick im Grünen (Sächsische Schweiz)

Der Abend, den meine Mutter nie vergaß und von dem sie
später immer wieder einmal erzählte: Adolf Hitler sollte nach

Nürnberg kommen. Vom Balkon eines großen Hotels würde er eine Rede halten.

Ins dazugehörende Restaurant waren Onkel und Tante von Ottos Parteifreunden eingeladen. Mutter und ich durften sie begleiten.

Meine Großmutter war zuhause geblieben, um ihre Ruhe zu haben. Man wusste schließlich, was für Menschenansammlungen es gab, wenn Hitler erschien. Und so war es dann auch.

Bei der Mahlzeit, die es für die geladenen Gäste gab, hörten wir von draußen immer wieder die Rufe der begeisterten Menge mit dem Spruch: „Lieber Führer, sei so nett, zeig dich mal am Fensterbrett." Mutter hat diesen Reim später oft lachend erzählt.

Diese Aufregung, die sich nun auch auf die Gäste drinnen übertrug, weckte meine Neugierde. Was für ein großer Mann musste da wohl kommen?

Doch wer nicht kam, war Hitler. Wie so oft in seiner Regierungszeit hatte er seine Anwesenheit kurzfristig abgesagt, da mal wieder ein Attentat zu befürchten sei.

Schließlich gab es auch Menschen, die überhaupt nicht von ihm begeistert waren und versuchten, Deutschland von ihm zu befreien. Die Enttäuschung an jenem Abend muss wohl sehr groß gewesen sein, auch bei Mutter und unserer Verwandtschaft.

Für mich war es ein aufregender Abend, der bei mir zwar in einer großen Müdigkeit endete, aber vielleicht in seinem Gesamtverlauf auch ein gewisser Auslöser für meine spätere Begeisterung und Gefolgschaft sein sollte. Der Führer hinterließ bei mir zumindest einen bleibenden Eindruck, auch wenn ich ihn de facto gar nicht zu Gesicht bekam.

Die Heimkehr stand bevor. Mit vielen guten Wünschen und vor allem dem Rat, auch weiterhin ein braves deutsches Mädel zu sein, verabschiedeten sich Otto und Katharina von mir. Das Versprechen gab ich gerne. Nun konnte ich auch Vater wiedersehen. Es gab viel zu erzählen.

Wie groß war die Überraschung, als nach kurzer Zeit ein großes Paket aus Nürnberg ankam, an mich persönlich adressiert. Darin fand ich einen wunderschönen Kaufmannsladen vor, womit ich im Folgenden bei den Nachbarskindern zu einer besonders gefragten Spielkameradin wurde.

4) Kraft durch Freude

Im Spätsommer dieses Jahres hatte Mutter die Gelegenheit, an einer sogenannten KdF-Reise teilzunehmen. Die Abkürzung stand für „Kraft durch Freude". Solche Fahrten wurden von der Regierung angeboten und mitfinanziert, so dass sie sich jeder, der mitfahren wollte, selbst mit ganz kleinem Budget leisten konnte. Die ausgewählte Reise ging ins schöne Allgäu (Abb.13).

Abb.13: Im Allgäu (meine Mutter als Dritte von rechts)

Da Vater arbeiten musste, erklärten sich Tante Sannchen und Onkel Willi aus Ohligs bereit, mich für 14 Tage in Kost und Logis zu nehmen: für mich eine Freude, mit meiner um ein Jahr älteren Kusine Helma eine abwechslungsreiche Zeit zu verbringen. Die war im Frühjahr eingeschult worden (Abb.14), und ich konnte es tagtäglich kaum erwarten, sie am Mittag von der Schule abzuholen.

Abb.14: Helma bei ihrer Einschulung

Die Mahlzeiten wurden gemeinsam mit Onkel Willi eingenommen. Er arbeitete in einer kleinen Stahlwarenfabrik, nicht weit entfernt, und kam immer zu einer etwas längeren Mittagspause heim, um zu essen und sich anschließend auszuruhen.

Mit strengem Blick achtete der darauf, dass unsere Teller leergegessen waren. Bei Kusine Helma kein Problem. Sie aß mit gutem Appetit alles auf, während bei mir zuhause die Teller nicht so reichlich gefüllt wurden. Insbesondere wurde daheim auch Rücksicht genommen auf meine Nörgeleien bei Möhren, Spinat und sonstiger ungeliebter Hausmannskost.

Hier wurde alles gegessen, was auf den Tisch kam, und ich aß notgedrungen mit. Die Anweisungen meiner Eltern, stets lieb und gehorsam zu sein, musste ich befolgen.

Bei Helmas Schulaufgaben zugegen zu sein, war für mich das Größte. Für sie war ich natürlich die kleine Kusine, der man zeigen konnte, was man schon alles in den Monaten seit Schulbeginn gelernt hatte. Sie war eine gute Schülerin, was sie mich allerdings auch öfters mit überlegener Miene merken ließ.

Einige Straßenzüge entfernt wohnten unsere Großeltern mütterlicherseits. Die freuten sich, wenn wir am Nachmittag bei ihnen vorbeischauten. Es gab Kakao und gelegentlich ein paar Geldmünzen zum Abschied, die wir dann am liebsten für Süßigkeiten und kleine Glaskugeln, sogenannte Murmeln, ausgaben.

Bei dieser Gelegenheit schwärmte ich von all den schönen Dingen, die es für mich in Nürnberg gegeben hatte, was Helma wohl etwas neidisch zur Kenntnis nahm. Das waren nicht nur Süßigkeiten und Glasmurmeln gewesen ...

Nun ja, sie könne doch auch mal dahinfahren, schlug ich vor. Die lange Reise erschien mir in meiner kindlichen Einfalt als recht einfach, wo ich es selbst doch schon einmal mitgemacht hatte.

Gut erholt kam Mutter von ihrer KdF-Reise zurück. Als Geschenk brachte sie mir eine Puppe mit, der ich gleich den Namen „Anneliese" gab. Warum? Vielleicht weil es sich ähnlich wie mein eigener Vornamen Annemie anhörte ...

Anneliese hatte echte Haare und Augen, die sich öffnen und schließen konnten (eine „Schlafpuppe", wie mir erklärt wurde). Noch hatte sie für mich trotz ihrer Besonderheiten keine große Bedeutung: eine Puppe eben, wie ich auch schon welche in früheren Jahren bekommen hatte. Nur diese war neu, und die anderen hatten durch meinen bisweilen zu rauem

Umgang mit ihnen ziemlich gelitten, waren abgenutzt und längst nicht mehr so ansehnlich wie Anneliese.

Wie gut meine Kindheit doch bisher verlaufen war!

Mir erschien das alles als so selbstverständlich. Und für mich war es auch gar nicht vorstellbar, dass es irgendwo damals Menschen gab, die schon viele Jahre Verachtung und sogar Hass erlebten. Seit der Machtübernahme der Nationalsozialisten im Januar 1933 (in meinem Geburtsjahr) hatte sich in Deutschland vieles verändert.

Menschen wurden verfolgt und gedemütigt, wenn sie nicht den Richtlinien der neuen Partei entsprachen. Besonders traf es Juden, bekennende Kommunisten und Sozialdemokraten sowie Homosexuelle.

Selbst wenn letztere in Hitlers unmittelbarer Umgebung als hohe Parteigenossen gewirkt hatten, wurden sie bei Bekanntwerden umgebracht oder in den Selbstmord getrieben.

Davon erfuhr die Öffentlichkeit natürlich nichts. Vielmehr fanden prunkvolle Beerdigungen statt. Die wahren Gründe wurden verschwiegen.

Vielen Menschen muss es doch nach der schicksalhaften Reichskristallnacht am 9. November 1938 klargeworden sein, auf was sie sich mit dieser von ihnen gewählten Regierung eingelassen hatten.

Für uns Kinder gab es indes nur ab und an rätselhafte Ereignisse und Vorkommnisse, die einem die Erwachsenen nicht erklären konnten oder wollten.

So vermisste ich plötzlich meinen Kinderarzt, Herrn Dr. Marcus, der mein tiefstes kindliches Vertrauen besaß. Der machte auch am späten Abend noch Hausbesuche, wenn bei mir mal wieder hohes Fieber ausbrach, was relativ häufig geschah, oder ich eine der üblichen Kinderkrankheiten durchlitt, was ebenfalls öfters vorkam.

Er wusste mich immer zu trösten und zu beruhigen, und eine Spritze, wenn sie denn nötig war, ließ ich ohne Geschrei über mich ergehen. Ich nahm mich zusammen, denn er war für mich eine zu wichtige Person, der Mann eben, der mich stets wieder gesund machte. Nun war er fort, und er fehlte nicht nur mir, sondern auch meinen Eltern.

Was ich damals nicht wusste: Man hatte ihn plötzlich aus seiner Praxis abgeholt und diese geschlossen. Vielleicht hat er in einer anderen Stadt oder einem anderen Krankenhaus eine neue und bessere Anstellung gefunden, trösteten mich meine Eltern und taten so, als sei er freiwillig fortgegangen.

Die Wahrheit: Er war Jude und deshalb nicht mehr erwünscht. So wie ihm erging es vielen. Sie bekamen Berufsverbot, wurden aus ihren Ämtern und Behörden vertrieben und durch linientreue Parteigenossen ersetzt.

Viel später nach Kriegsende erfuhr ich, dass er kurz nach der Reichskristallnacht mit seiner Familie nach Palästina fliehen und auf diese Art überleben konnte.

5) BDM und Schulbesuche

Inzwischen schrieben wir das Kriegsjahr 1942. Ich besuchte die Volksschule, war eine gute Schülerin, doch meine Eltern machten sich weiterhin Gedanken über meine schwächelnde Konstitution.

Eine Luftveränderung auf dem Land würde mir mal wieder guttun, so überlegten sie sich. Schließlich kam meine Mutter mit ihrer Schwägerin Käthe (der Frau von ihrem jüngeren Bruder Adolf) überein, dass ich eine Weile bei ihr (Abb.15) und deren Mutter im Dorf Goddelsheim bei Korbach wohnen sollte.

Abb.15: Käthe, Adolfs Frau

Nachdem Adolf sich Anfang des Kriegs freiwillig zur Wehrmacht gemeldet hatte, wohnte seine Frau Käthe mit ihrer kleinen Tochter Rosemarie – geschützt vor Bombenangriffen – bei ihrer Mutter auf dem Land.

Mit einer Sondergenehmigung meiner Solinger Volksschule besuchte ich für ein Vierteljahr die Dorfschule in dieser kleinen hessischen Gemeinde (Abb.16).

Abb.16: Schulbesuch in Goddelsheim

So ein Schulwechsel machte mir keine Probleme. Der Lehrstoff in der damaligen Grundschulform unterforderte mich, sowohl in meiner Heimatstadt als auch hier in meiner neuen Umgebung. Da blieb dann viel Raum für andere Aktivitäten, und ich hatte Zeit und Muße die Landluft zu genießen und als Stadtkind einen Bauernhof kennenzulernen, wo es für mich viel zu entdecken gab. Meine Kusine Rosemarie, damals fünf Jahre alt (Abb.17), wich mir nicht mehr von der Seite.

Abb.17: Adolf auf Fronturlaub mit Tochter Rosemarie

Für sie war ich die „Große", auf die sie sehnsüchtig wartete, wenn ich mittags von der Schule nachhause kam.

Die Schularbeiten machte ich mal ebenso nebenbei. Das ging bei mir im Handumdrehen. Da waren wir auf meiner Solinger Schule mit dem Lehrstoff schon etwas weiter.

Eine gleichaltrige Freundin aus einer mit Käthe verwandten Familie war rasch gefunden, und so verbrachte ich in dieser Umgebung eine fröhliche und unbeschwerte Zeit, ohne den bei uns bereits üblichen Fliegeralarm.

Elfriede, deren Eltern einen kleinen Bauernhof bewirtschafteten, war ein stilles und zurückhaltendes Mädel, das sich in meiner Gegenwart aber offenbar sehr wohl fühlte. Mit ihr und einigen anderen Klassenkameradinnen traf ich mich am Nachmittag, um die umliegenden Wiesen und Gärten zu durchstreifen. Wir verbrachten unsere Zeit mit Versteckspielen und sonstigen Vergnügungen.

Auch halfen wir bei der Heuernte, saßen auf der Rückfahrt hoch oben auf vollbeladenen Wagen und freuten uns auf den sogenannten „Zuckerkuchen", der von den Bäuerinnen extra für die Erntehelfer gebacken wurde.

Schließlich reiste meine Mutter an, um mich wieder abzuholen. Sie hatte einige begehrte Süßigkeiten aus der Solinger Schokoladenfabrik Hillers im Gepäck, die für Rosemarie und Freundin Elfriede bestimmt waren, während deren Eltern Eier und Speck bereithielten, die wir gut zusätzlich daheim gebrauchen konnten.

Liebevoll verabschiedet von allen, die mit mir die Zeit verbracht hatten, ging die Fahrt zurück nach Solingen. Gut erholt kehrte ich nach drei Monaten aus meiner „Sommerfrische" heim.

Mit meinem 10. Geburtstag am 4. April 1943 kam für mich ein langersehnter Tag. Ich wurde in den „Bund deutscher Mädel", kurz „BDM" genannt, aufgenommen.

Wie hatte ich meine ältere Kusine beneidet: Die durfte sich bereits jede Woche zur Aufstellung vor dem Rathaus ihres Stadtteils Ohligs einfinden, um die Fahne unseres Führers zu grüßen. Anschließend erfuhr sie in den Versammlungen, wie tapfer unsere Soldaten an vorderster Front von Sieg zu Sieg eilten.

Ausgestattet mit entsprechender Kleidung: weißer Bluse, dunkelblauem Faltenrock und gelber Samtjacke gehörte nun auch ich zu den „Großen", wobei eine Raute mit der Aufschrift „West-Düsseldorf", am linken Ärmel der Bluse befestigt, mir vorkam wie ein verliehener Orden, eine Auszeichnung, auf die ich besonders stolz sein konnte (Abb.18).

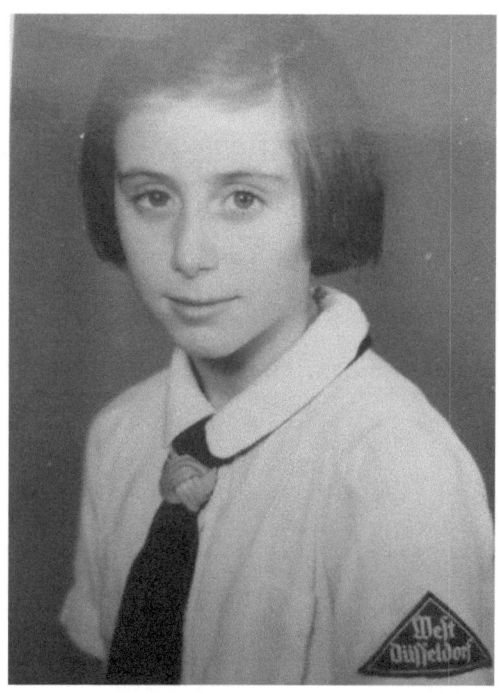

Abb.18: Annemarie als BDM-Mädel

Da kamen mir Onkel und Tante, die von Köln zu einem Besuch anreisten, gerade recht, um mich in dieser schicken Uniform vorzustellen. Deren Begeisterung hielt sich in Grenzen, jedoch den sarkastischen Ausspruch meines Onkels: „Dann bist auch du ab jetzt ein Sonnenkind", hielt ich für bare Münze, und das machte mich wieder so richtig glücklich. Schon eilte ich voller Erwartung unserem BDM-Treffen entgegen.

Im Frühjahr 1943 wechselte ich auf eine andere Schule. Meine Klassenlehrerin empfahl meinen Eltern, mich auf eine sogenannte „Hauptschule" zu schicken. Die kam in den Lehrfächern fast einem Gymnasium gleich, aber man brauchte kein Schulgeld zu bezahlen, was bei einer „Höheren Schule" sonst üblich war.

Auf die Rückfrage meines Vaters, warum das so sei, kam die Antwort: „Auch Arbeiterkinder sollen die Möglichkeit erhalten, eine weiterbildende Schule zu besuchen." Und das Geld bezahle der Staat.

Etwas seltsam sei ihnen das schon vorgekommen, meinte Vater später. Er war nicht in der Partei und hatte auch nicht vor, in die NSDAP einzutreten. Diesbezügliche Anfragen, die öfters an ihn gerichtet wurden, hatte er stets abgelehnt.

Nun ja, er arbeitete in der Rüstung, und vielleicht war dann der Druck nicht so groß, dort mitzumachen. Schließlich stellte er an der sogenannten Heimatfront als Facharbeiter ja ebenfalls eine wertvolle Hilfe dar, und mit den Facharbeitern mochte man es sich wohl nicht verderben.

Versuche, ihn zu überreden, kamen auch von einem sogenannten Blockwart, einem Nachbarn, der die Pflicht hatte, bei Dunkelheit nachzuschauen, ob in seinem Bezirk alle Fenster gut verdunkelt waren, so dass kein Lichtschein nach außen drang.

Er war ein fanatischer Zeitgenosse, und nachdem es bei uns einmal etwas zu bemängeln gegeben hatte, wofür mein Vater sich entschuldigen wollte, meinte er zornig: „Noch einmal, dann zeige ich dich an." Das hat Vater ihm nie verziehen.

Aber so war das damals: Da konnten Freunde plötzlich zu gefährlichen Feinden werden.

Zur neuen Schule war es ein weiter Weg, und um dorthin zu kommen, benutzte ich die Straßenbahn, mit der ich nach einer halbstündigen Fahrt ankam. Schulbeginn war pünktlich um 8 Uhr.

An Unterbrechungen durch Fliegeralarm auf Hin- oder Rückweg kann ich mich nicht mehr erinnern. Es mochte ihn aber bisweilen gegeben haben.

Auf dieser Mädchenschule fühlte ich mich nach kurzer Eingewöhnungsphase äußerst wohl. Man erfuhr viel Interessantes, nicht nur vom Lehrstoff her, sondern auch vor allem, wie erfolgreich Adolf Hitler seine Soldaten an allen Fronten zum baldigen Endsieg führte. Solche Nachrichten hörte man doch gern.

All das gab mir und meinen Mitschülerinnen ein gutes Gefühl der Sicherheit. Wir glaubten damals, hier gut aufgenommen zu sein, und ich kehrte am späten Mittag immer wieder voller Freude und Motivation nachhause zurück.

Es wurde gegessen, und dann kümmerte ich mich sofort um meine Hausaufgaben. Der Lehrstoff war schwieriger geworden, und insbesondere die Vokabeln für Englisch nahmen recht viel Zeit in Anspruch.

Immer wieder versuchten die Nachbarskinder, mich zum Spielen in den Hof zu rufen, aber das war für mich jetzt zur

Nebensache geworden, das Spielen. Die schulischen Belange und die Versammlungen beim BDM waren mir wichtiger.

Die Söhne unserer streng katholischen Hausmitbewohner teilten die Begeisterung fürs Hitlerjungvolk nicht so sehr. Sie besuchten regelmäßig die Kirche und machten sich dort als Messdiener nützlich.

Meine Mutter, aus einer katholischen Familie stammend, hatte mit Vater einen evangelischen Mann geheiratet, und so wurde mir ebenfalls der christliche Glaube nahegebracht, zum Beispiel beim abendlichen Zubettgehen mit einem Nachtgebet. Das endete bei mir, wenn meine Mutter die Tür bereits von außen schloss, mit einem heimlichen Nachsatz: „Lieber Gott, lass bitte Adolf Hitler den Krieg gewinnen!"

Es war im Sommer 1943. In den Zeitungen las man immer häufiger die Todesanzeigen gefallener Soldaten. Sie waren, so sollte es für die Öffentlichkeit doch tröstend heißen, für „Führer, Volk und Vaterland" gestorben.

Wie viel Leid und Schmerz dahinterstanden, davon konnte man sich kaum einen Begriff machen. Wahrscheinlich wollte man das auch nicht …

Die Luftangriffe häuften sich ebenfalls und richteten nun auch in unserer Stadt böse Schäden an.

Nachts war es besonders schlimm. Die feindlichen Flieger nutzten insbesondere die Dunkelheit, und so verbrachten wir jetzt öfter die Nächte im Luftschutzkeller. Dass inzwischen auch in unmittelbarer Nähe Bomben explodierten, versetzte uns dabei in Angst und Schrecken.

In Köln hatte es Onkel und Tante getroffen. Ein schwerer Angriff auf die Innenstadt hatte sie obdachlos gemacht. Das Haus war zerstört, aber man hatte die beiden, wenn auch mit Mühe, unversehrt aus den Trümmern retten können.

Eine neue Bleibe fanden sie in einem Kölner Vorort, wo Onkel auch gleich mit seiner Arbeit weitermachen konnte. Er arbeitete ja schließlich auch für die Offiziere der Wehrmacht.

Ich frage mich im Nachhinein: Was wussten Onkel und Tante aus Köln damals bereits von den grausigen Ereignissen, die sich in ihrer Metropole doch sicherlich augenfälliger ereigneten als bei uns in Solingen?

Die Sammellager für Juden und andere Verfolgte des Naziregimes richtete man in unmittelbarer Nähe des Hauptbahnhofs ein. Dort warteten die Menschen auf ihren Abtransport in die weit entfernten Konzentrationslager.

Heute vermute ich, dass sie wahrscheinlich mehr wussten und dass es natürlich bittere Ironie gewesen sein muss, als der Onkel mich bei meiner Begeisterung für den BDM als „Sonnenkind" bezeichnete. In seiner im Ruhrgebiet ansässigen Familie war es offenbar zum Widerstand gegen Hitler und die Partei gekommen. Zwei Schwestern hatte man verhaftet und in Gewahrsam genommen.

Auch das muss einmal ein Thema bei Debatten innerhalb unserer Verwandtschaft gewesen sein, aber nach außen hin wollte sich zur damaligen Zeit keiner äußern. Es gab die verschiedenen Standpunkte, und dabei blieb es.

Solche Auseinandersetzungen wurden uns Kindern von den Erwachsenen generell verheimlicht. Das war bei meinen Spielkameraden und Mitschülern wohl nicht viel anders, denn sonst hätte ich vielleicht das ein oder andere mitbekommen.

Doch als Kind, das häufig kränkelte, genoss ich sowieso die volle Aufmerksamkeit meiner besorgten Familie. Was die Eltern nicht erlaubten, versuchte ich dann bei den Großeltern durchzusetzen – in den meisten Fällen mit Erfolg. Eine kleine Egoistin eben! Ich liebte Onkeln und Tanten, die mich immer wieder mit Geschenken – auch außerhalb von Geburtstag und Weihnachten – bedachten. Schließlich gab es in unserer Familie nicht allzu viele Kinder. Nachdem Adolf als Jüngster im Kreis der Geschwister Vater einer Tochter geworden war, gab es zur Freude der Großeltern mit Helma, mir und der kleinen Rosemarie immerhin drei Enkelkinder.

Alles in allem war es für mich eine unbekümmerte Kindheit, wo doch die Sorgen und Bedenken der Erwachsenen stets von mir ferngehalten wurden.

6) Langer Abschied von daheim

November 1943: Alles wurde auf die Abreise vorbereitet. Auf Anordnung der Schulbehörde stand für uns eine Evakuierung bevor. Die Bombenangriffe auf unseren Großraum hatten inzwischen bedrohlich zugenommen.

Die umliegenden Großstädte Köln und Düsseldorf und das gesamte Ruhrgebiet waren Ziel der alliierten Fliegerbomben.

Sie legten es darauf an, die Waffenschmiede der deutschen Wehrmacht an ihren empfindlichsten Stellen zu vernichten.

Dass darunter vor allem die Zivilbevölkerung entsetzlich litt, versuchte die Propaganda mit immer zahlreicheren Erfolgsmeldungen über Eroberungen großer Gebiete, über versenkte Unterseeboote und abgeschossene Flugzeuge des Feindes wettzumachen und kleinzureden.

„Na ja, drei bis vier Wochen von zu Hause getrennt werde ich auch noch überstehen", dachte ich mir. „Und dann wird Deutschland über alle feindlichen Gegner gesiegt haben." So wurde es uns Kindern von den Erwachsenen zumindest eingeredet.

Der 21. war ein kalter, grauer Novembertag. Am Abend reisten wir Schüler und Schülerinnen der zwei Solinger Hauptschulen mit unseren Lehrkräften in einem extra dafür bereitgestellten Sonderzug nach Thüringen.

Es war eine Fahrt über viele lange Stunden hinweg, die am frühen Morgen - noch in tiefster Dunkelheit in einem Städtchen namens Friedrichroda endete.

Im Erdkundeunterricht hatten wir schon so einiges über die Gegend erfahren. Thüringen galt als das grüne Herz Deutschlands, mit der historischen Wartburg hoch über Eisenach, dem berühmten Schiller- und Goethe- Denkmal auf dem Marktplatz in Weimar und vielen anderen geschichtsträchtigen Besonderheiten. Erwartungen und Neugierde waren geweckt, aber nun vor Ort hatten wir uns zunächst einmal mit den Gegebenheiten abzufinden. Es wurde improvisiert.

Nachdem man uns gleich nach unserer Ankunft bereits klargemacht hatte, dass es keine Abholung mit Bussen zu unseren Unterkünften geben würde, machten wir uns in einzelne Gruppen eingeteilt auf einen kilometerweiten, beschwerlichen Weg durch tiefverschneite Tannenwälder.

Mit meinem Namensschild um den Hals und Puppe Anneliese im Arm stapfte ich mit. Diese Strapaze endete im kleinen Ort Tabarz. So hatte ich mir diese Kinderlandverschickung nicht vorgestellt, und schon beschlich mich ein sehnsüchtiges Gefühl, bald wieder nach Hause zu kommen.

Getrennt in Jungen- und Mädchengruppen bezogen wir Quartier in Hotel- und Ferienhäusern, die man für uns in diesem Kurort beschlagnahmt hatte.

Um die Eigentümer, die von einer solchen temporären Ent-
eignung sicherlich nicht begeistert waren, einigermaßen bei
Laune zu halten, galten für uns Kinder besonders strenge Regeln, die wir strikt einzuhalten hatten.

So begann es bereits beim Einzug in das unserer Gruppe
zugewiesene Gebäude (Abb.19) mit Schlange-Stehen in der
Kälte.

Abb.19: Haus Gesang in Tabarz

Im Keller hatte man wohl auf die Schnelle einen Raum ab-
geteilt, der für unsere Straßen- und Hausschuhe gedacht war.
Aber nur sechs Personen auf einmal konnten sich in dieser

Enge die nassen Schuhe ausziehen, während das nächste Grüppchen sehnsüchtig darauf wartete, eingelassen zu werden. Bei einer Zahl von 25 Kindern für uns eine lange Zeit, insbesondere für die Letzten in der Reihe. Da unsere Koffer erst im Laufe des Tages mit all unserer Kleidung nachgeliefert wurden, fehlten uns zunächst natürlich die Pantoffeln.

So erinnere ich mich, dass wir nur in Strümpfen unsere angewiesenen Zimmer erreichten, was uns aber bei den warmen Läufern auf den Korridoren nicht allzu viel ausmachte. Das war nach der strapaziösen Nachtwanderung durch den Schnee schließlich noch das kleinere Übel.

Eine Mahlzeit wurde noch verabreicht, und dann verordnete man uns endlich die Bettruhe, die wir ebenso dringend brauchten wie zuvor die warme Mahlzeit. Wir verschliefen den Tag.

Es wurde schon dunkel, als wir vom Ton einer Trillerpfeife geweckt wurden. Das Gepäck war angekommen und wurde jetzt verteilt.

Danach folgte die Vorstellung der Heimleitung. Die Besitzer des Hauses, ein sehr gepflegt wirkendes, älteres Ehepaar, versprachen, gut mit uns auszukommen, wenn die Lautstärke auf der von ihnen im Erdgeschoss bewohnten Etage sich in

Grenzen halten würde. Sie hatten die Hoheit über die Küche und das Personal, die nun für unser leibliches Wohl und die Reinigung des Hauses sorgen würden.

Die Lehrerin unserer Klasse, die uns von Solingen aus begleitet hatte und nun mit im Haus wohnte, brauchte nicht viel zu sagen. Dafür übernahm eine junge Lagermädel-Führerin das Wort. Bei ihr und ihrer Vertreterin seien wir in bester Obhut. Stolz und dankbar müssten wir sein, dass unser Führer Adolf Hitler uns diese Aufenthaltsmöglichkeit als sichere Zuflucht gäbe – angesichts der zahlreichen Luftangriffe in unserer Heimat. Hier könne man uns in Ruhe auf die besonderen Aufgaben vorbereiten, die man künftig von uns erwarte.

Das hörte sich ja gewaltig an. Als wir an diesem Abend in unserem Zimmer darüber rätselten, was da wohl auf uns zukommen würde, kamen wir uns allesamt sehr wichtig vor.

Auch wir wollten helfen und alles tun, um dabei zu sein, wenn Deutschland seine Feinde besiegt hatte und sein „Tausendjähriges Reich" etablierte. Das war gewiss.

Jeweils fünf Mädel bewohnten einen Raum mit einem fünftürigen Kleiderschrank, einem Waschbecken mit Kalt- und Warmwasserhahn sowie einer Zentralheizung, die wohlige

Wärme hergab. Die Toiletten und ein Bad waren mit den anderen Zimmern gemeinschaftlich und befanden sich auf den langgezogenen Korridoren der ersten und zweiten Etage.

Sigrid war unsere Lagermädel-Führerin, eine hübsche, recht energisch wirkende junge Frau von circa 20 Jahren. Sie hatte die Leitung. Zur Seite stand ihr Uschi, eine Unterlagerführerin, etwas jünger und ruhiger.

Sie teilten sich die Aufgaben, darauf zu achten, dass die Bettruhe eingehalten wurde und dass am Morgen das Aufstehen, Waschen und Anziehen zügig voranging. Wenn das Licht am Abend gelöscht war, durfte nur noch leise gesprochen werden.

Am Morgen dann mit Trillerpfeife der Weckruf. Fertigmachen zum Frühstück, Toilettengang, Waschen, Zähneputzen. Waschbecken sauber hinterlassen. Für Letzteres war jeden Tag eine andere von uns zuständig. In Mänteln dann antreten, und ohne Lärm zur Treppe und in den Schuhkeller.

Straßenschuhe anziehen, draußen vor einer Fahnenstange Aufstellung nehmen, abzählen, die Schuhspitzen in einer Linie mit den Kameradinnen ausrichten und den Hitlergruß mit hochgereckter Hand halten, bis die Deutschlandfahne das Ende der Stange erreichte.

Zurück in den Keller: Schuhe aus- und Pantoffeln anziehen. Die Mäntel wurden eingesammelt und zur Garderobe gebracht. Für uns ging es nun in den großen Speisesaal.

Da, wo für die Kurgäste früher wohl Zweier- und Vierertische standen, hatte man nun eine einzige lange Tafel mit vielen Stühlen aufgestellt. An ihrer Kopfseite ein Quertisch für die Lagerleitung und Lehrerschaft, so dass diese uns alle bei ihrer Mahlzeit im Blickfeld hatten. Mit einem allgemeinen Händereichen und dem Spruch „Guten Appetit" durften wir Platz nehmen und endlich mit dem Frühstück beginnen.

Das sind so meine Erinnerungen an die erste, noch strengere Zeit im Lager. Für mich als verwöhntem Einzelkind, dem die Mutter zuhause immer alles zurechtlegte, eine schwierige Umstellung.

Gewiss, im BDM hatte ich schon eine Vorstellung bekommen, wie streng und geregelt es zuging, wenn wir bei Aufmärschen den Befehlen zu folgen hatten. Das machte uns ja schließlich recht stolz, in Uniform an den staunenden Menschen vorbeizumarschieren. Wir fühlten uns inzwischen auch hier einig in dem Bestreben, einer großen Sache zu dienen, wie bei den heimatlichen BDM-Treffen – nur gab es im Lager kein anschließendes Nachhause-Gehen.

Nachdem man mich an einem Morgen aufforderte, vom Frühstückstisch aufzustehen, aufs Zimmer zu gehen und dort erst mal Ordnung zu schaffen, kam es mir einer Demütigung gleich. Bei ihrem morgendlichen Rundgang und der Kontrolle unserer Zimmer hatte Sigrid Haare in meinem Kamm entdeckt, und im Schrank lag die Wäsche nicht so exakt auf Kante, wie es sein musste. Zum Glück war ich nicht die Einzige, der man mangelnde Umsicht vorzuwerfen hatte. Man war ja lernfähig, und auch hierin passte man sich an.

7) Sonnenkinder?

Der Schulunterricht begann sofort nach dem Frühstück und zwar im gleichen Saal. Das Küchenpersonal räumte ab, und die vorher mitgebrachten Schulmappen wurden ausgepackt.

Fräulein Au, eine in vielen Fächern ausgebildete Gymnasiallehrerin, unterrichtete Deutsch, Englisch, Geschichte sowie Erdkunde. Der für mehrere Lager zuständige Mathematiklehrer, kam zweimal die Woche, um uns je zwei Stunden in Rechnen zu unterrichten.

Gegen Mittag gab es eine halbe Stunde frei. Wir verschwanden im Zimmer, um uns dann wieder im Speisesaal einzufinden. Die Tische waren in der Zwischenzeit sauber eingedeckt, und da, wo wir soeben noch unsere Schulstunden verbracht hatten, gab es jetzt die Mittagsmahlzeit.

Ein Radio berieselte uns dabei mit leiser Musik. Es wurde lauter geschaltet, sobald Erfolgsberichte von der Front zu hören waren, und die kamen sehr oft.

Zusätzlich gab es die Sondermeldungen. Sie wurden mit einem besonderen Signal, den ersten Tönen einer klassischen Melodie angekündigt, in der ich erst später einmal den Beginn von „Les Préludes", einer Sinfonischen Dichtung von Franz Liszt, erkannte. Wenn diese Fanfare erklang, hatten wir aufzustehen, dabei den Arm zum Hitlergruß zu heben und aufmerksam die Nachricht anzuhören – ganz gleich, ob das Essen kalt wurde, das noch vor uns auf unseren Tellern lag.

Die Meldungen berichteten häufig von den Seeschlachten, in denen unsere Marineeinheiten wieder heldenhaft zahlreiche feindliche Schlachtschiffe und Unterseeboote vernichtet hatten, bevor sie nun siegreich in den Heimathafen zurückgekehrt waren.

Nach der Sondermeldung folgten jeweils die Nationalhymne und dann noch das Horst-Wessel-Lied. Letzteres sollte an einen in Berlin von politischen Gegnern ermordeten Gefolgsmann Hitlers erinnern, den man damals als einen Märtyrer bezeichnete.

Aber auch von den Bombenangriffen auf unsere deutschen Städte hörten wir bei solchen Gelegenheiten. Das bestärkte uns in unserem Hass auf alle Nationen, die nicht auf Hitlers Seite standen und uns vernichten wollten.

Bisweilen ermüdete uns der hochgereckte Arm bei dieser langwierigen Prozedur. Dass wir dabei den anderen als Stütze zu Hilfe nahmen, wurde lächelnd und ohne Tadel zur Kenntnis genommen.

Für die so wichtige politische Einstellung waren unsere Lagermädel-Führerinnen zuständig (Abb.20). Sie hatten bei uns für eine Beeinflussung im Sinne der NSDAP zu sorgen. Drei Nachmittage pro Woche waren immerhin dafür anberaumt.

Abb.20: Unsere Lagermädel-Führerinnen Uschi und Sigrid

Wir lauschten gebannt ihren Erzählungen und wussten bald, was der Führer von uns erwartete. Wir waren dafür vorgesehen, einmal wie Sigrid und Uschi als Gruppenführerinnen ausgebildet zu werden, um nach dem Endsieg wertvolle Stützen im Tausendjährigen Reich zu sein. Das hörte sich groß an. Aber wann war es endlich soweit?

Zum einen sehr stolz, zum anderen aber auch nachdenklich rätselten wir am Abend auf unserem Zimmer, wann das hier in Thüringen für uns ein Ende haben würde.

Man hatte schließlich nur von einigen Wochen gesprochen, und dann wäre für eine sichere Heimkehr gesorgt. Gemäß all den Erfolgsmeldungen im Radio mussten wir doch bald diesen Krieg gewinnen. Dass der für Deutschland in diesem harten Winter an den Fronten, besonders in den Weiten Russlands, längst verloren schien, das ahnten wir nicht.

Von Bombenangriffen blieben wir verschont. Wir hatten ruhige Nächte, und unsere Verpflegung ließ nichts zu wünschen übrig.

Nur das Heimweh machte uns zu schaffen.

Die Briefe von zuhause übermittelten nicht die Nachrichten, die wir erwarteten, nämlich die der baldigen Rückkehr und des Endsiegs. Aber unsere Eltern versuchten, uns immer wieder zu trösten und zum Durchhalten zu ermuntern. Bei ihnen würden die Luftangriffe noch anhalten, aber sie seien in ihren Kellern in Sicherheit und um sie sollten wir uns nicht sorgen.

Der Umgang mit unseren Lagermädel-Führerinnen war mit der Zeit etwas kumpelhafter geworden. Sigrid nannten wir lässig Sixer.

Die Hausherrin bot sich als Ersatzmutter an. Wenn sie bei einer Mahlzeit gelegentlich vorbeischaute und guten Appetit wünschte, riefen wir fröhlich: „Danke, Mutti." Mit psychologischem Geschick hatte man sich auf unseren heimwehbedingten Zustand eingestellt.

Marschlieder singend, die im Gesangsunterricht fleißig geübt wurden, marschierten wir in unserer uniformierten Winterbekleidung an den dafür festgelegten Tagen durch den verschneiten Kurort.

So winkte ich auch mal meiner Kusine Helma zu, die in einem anderen Lager (Haus Veronika) untergebracht war und mit ihrer Gruppe vorbeizog (Abb.21,22).

Einen Kontakt zu den Schülern in den anderen Heimen gab es kaum. Deren Unterbringungen sah man nur von außen. Haus Echarti, ein Jungenlager in unserer unmittelbaren Umgebung, leitete der Rektor unserer Hauptschule, auf die wir in Solingen gingen. Darüber hinaus unterstand ihm das gesamte Lehrerteam der einzelnen Lager.

Er war ein warmherziger, väterlich wirkender Mann, den ich kurz vor dem bevorstehenden Weihnachtsfest aufsuchte, um ihm die Ankunft meiner Mutter mitzuteilen. Das musste so sein und wurde schriftlich dokumentiert.

Die Möglichkeit für Besuche von Familienangehörigen hielt sich generell in Grenzen.

Abb.21: Helma in Tabarz

Diesmal reiste die Mutter einer Zimmergenossin ebenfalls mit an. Zwei Zimmer in einer Privatpension waren von der Lagerleitung für drei Tage vorbestellt und die Verpflegung festgelegt. Was für Strapazen unsere Mütter bei dieser langen Reise auf sich nahmen, ahnten wir nicht. Bei uns überwog die Freude, sie wiederzusehen.

Abb.22: Haus Veronika in Tabarz

Und dann war es soweit. Nach langer Bahnfahrt, öfter unterbrochen von Fliegeralarm, bei dem die Züge auf der Strecke halten mussten, saßen beide dennoch wohlbehalten im kleinen Empfangssalon des Hauses.

Endlich Mutter in die Arme zu schließen, war ein unbeschreibliches Gefühl für mich. Unser Zimmer durfte besichtigt werden. Dabei wurde mal eben so nebenbei erwähnt, dass es in Bezug auf Ordnung bei uns beiden immer etwas zu beanstanden gäbe, und auch die lautstarken abendlichen Unterhaltungen am Abend sollten unterbleiben.

Was ich nicht wusste: Mutter war gekommen, um mich wieder nachhause zu holen. Meine Eltern hatten erfahren, dass es sich bei uns nicht um eine kurze Evakuierungsmaßnahme, sondern gezielt um einen von hoher Stelle angeordneten Erziehungsauftrag ganz im Sinne der Reichsleitung handelte.

Doch in einer Unterredung mit der Lagerleitung im Beisein des Rektors, wurde ihr beigebracht, dass eine jetzige Heimkehr für mich unmöglich sei. Sie berichtete mir dann im Anschluss vom Ausgang dieses Gesprächs, wobei ihr der Rektor bedeutet habe, ich sei fortan „ein Kind des Führers".

Ich staunte. Ein Kind des Führers? Ja, damit konnte ich leben, sogar stolz darauf sein. Dabei würde man auch das Heimweh besiegen und es Mutter nicht allzu schwer machen, ihre Rückkehr nach Weihnachten alleine anzutreten.

Das erste Weihnachtsfest im Lager gestaltete sich feierlich. Ein schön geschmückter Tannenbaum im Speisesaal beleuchtete zahlreiche Pakete, die für alle Kinder, bei denen der Elternbesuch fehlte, aus der Heimat angekommen waren.

An jedem Tischplatz, eingerahmt mit frischem Tannengrün stand ein Teller reich gefüllt mit Süßigkeiten. Da blieben keine Wünsche offen.

Zuteilungsbeschränkungen durch Lebensmittelkarten, wie es sie zuhause längst gab, kannte man hier wohl nicht. Für uns war bestens gesorgt.

Wie hatte mein Onkel aus Köln damals gesagt? „Dann bist du jetzt ein Sonnenkind." Das konnte ich nun zweifellos bestätigen: Als solches fühlte ich mich schließlich auch.

Aber da war ja ebenfalls von „Schattenkindern" die Rede gewesen. So bezeichnete er damals diese Kinder, die ich in Köln gesehen und um ihren „goldenen" Stern beneidet hatte, ohne zu wissen, was es mit ihnen auf sich habe. Wo waren die geblieben? Für mich damals ein Rätsel.

Erst nach der Kapitulation erfuhren wir Schüler von deren Verschleppung. Viele wurden ihren Familien entrissen und anschließend auf qualvollen Transporten in die berüchtigten

Konzentrationslager gebracht, dort für Versuche missbraucht und in den allermeisten Fällen getötet.

Auch ihre Eltern entgingen diesem grausamen Schicksal nicht. Gezwungen zu schwerster körperlicher Arbeit bei mangelnder Ernährung, hatten die meisten keine Überlebenschance. Man trieb sie schließlich in die Gaskammern und wurde damit den Befehlen von oberster Führung gerecht - mit dem Ziel, Deutschland von den verhassten Juden zu befreien.

Das Lager Buchenwald lag nicht weit von unserem Kurort Tabarz entfernt, nur circa 40 Kilometer. Was müssen sich dort zu genau jener Zeit für Tragödien abgespielt haben!

Während für uns arische Kinder beste Verpflegung und warme Kleidung in eisigem Winter eine Selbstverständlichkeit darstellten, hungerten und froren die Menschen, die man dorthin deportiert hatte.

„Davon haben wir nichts gewusst." Ein Satz, der nach dem verlorenen Krieg noch tausendfach zu hören sein würde.

Aber auf uns traf es zu. Wäre uns Kindern von so grausamen Ereignissen erzählt worden, hätten wir das nie geglaubt.

8) Eine eingeschworene Gemeinschaft

Weihnachten war vorüber und Mutter abgereist. Eine Nacht hatte ich mit ihr in der Pension übernachten dürfen, ebenso wie meine Kameradin Sonja bei ihrer Mutter.

Meiner Mutter war vor ihrer Abfahrt in einer Unterredung mit der Lagerleitung klargemacht worden, dass sie nicht noch einmal anreisen solle, mit dem Anliegen, ihre Tochter nachhause zu holen. Aber von dieser Einschüchterungsaktion wusste ich nichts.

Der Jahreswechsel 1943/44 wurde am Neujahrstag mit einem Aufmarsch begonnen, an dem sich auch einige andere Lager der Kinderlandverschickung beteiligten.

Wieder mal ein Anlass, zu dem wir – stolz auf unsere Winteruniform und Marschlieder absingend - durch das kleine Städtchen Tabarz in Thüringen zogen und es genossen, die Blicke der Anwohner auf uns zu ziehen. Die winkten uns auch freundlich zu.

Es war ein kalter Winter mit viel Schnee. Von der Gauleitung hatte man unserem Lager sieben Paar Skier zugeteilt. Von zuhause kannte ich nur Schlitten und Schlittschuhe. Auf diesen langen Brettern zu stehen und damit bergab zu fahren, empfand ich zunächst mal als eine Zumutung.

Aber da für den Turnunterricht in geschlossenen Räumen keine Möglichkeit bestand, hatte man sich auf Skifahren als Wintersport für unsere Gruppen festgelegt. Sigrid und Uschi, unsere Lagermädel-Führerinnen, zeigten uns mit viel Geduld, sicher auf den Skiern zu stehen, Balance zu halten und dann einen leichten Abhang herunterzufahren. Wenn wir das ohne Hinfallen geschafft hatten, sparten sie nicht mit Lob.

Wir bewunderten die beiden. Die erzählten uns schließlich auch immer wieder, wie stolz Adolf Hitler auf uns Jungen und Mädel sei, und dass er mit uns etwas Großes vorhabe, nach dem siegreichen Ende des Krieges. Das alles löste bei uns eine wahre Begeisterung aus, die am Abend auf unseren Zimmern noch lange anhielt und für viel Gesprächsstoff sorgte.

Für eine solide Schulausbildung sorgte indes unsere von Solingen mitgereiste Klassenlehrerin, die bei den vielen Fächern, die sie uns lehrte, über ein breites Grundwissen verfügen musste. Parteipolitische Themen kamen bei ihr nicht zur Sprache.

Wenn sie sich in Erdkunde vor uns an ihr Pult setzte und uns von ihren Reisen nach Helgoland, Sylt, nach Königsberg oder Danzig erzählte, hörten wir gerne den spannenden Berichten zu. Das war dann doch etwas entspannter als das Auswendiglernen von historischen Jahreszahlen, was uns im Lehrfach Geschichte abverlangt wurde. Auch für die Englischstunden war sie zuständig.

Die Lagermädel-Führerinnen Sigrid und Uschi stellten hingegen die Beeinflussung ganz im Sinne der BDM-Führung sicher, was bei uns ja sowieso rasch auf fruchtbaren Boden gefallen war.

Im Lager war alles straff durchorganisiert. Ein Krankenzimmer stand zur Verfügung, um durch Isolation bei etwas leichteren Erkrankungen, zum Beispiel Erkältungen, die Ansteckungsgefahr zu verringern. Dann erschien der Patientin unseres Mädchenlagers lediglich eine Krankenschwester zur Betreuung oder die Ärztin mit Medikamentengaben, was für eine baldige Genesung sorgte.

Bei schwereren Infektionen, wie Diphtherie, Masern oder Röteln, die jedoch selten auftraten, hisste man vor dem Haus die gelbe Fahne für Quarantäne. Die Erkrankte kam ins Krankenhaus, und alle Zimmer wurden gründlich desinfiziert.

Ich erinnere mich, dass man einmal bei einigen von uns Haarläuse entdeckt hatte. Alle saßen am Morgen mit großen Handtuchturbanen am Frühstückstisch, und es roch eklig nach Cuprex, einem Mittel, das uns von diesem Ungeziefer dann auch nachhaltig befreite.

Briefe von daheim berichteten von anhaltenden Bombenangriffen auf die umliegenden Großstädte, wobei unsere Heimatstadt Solingen aber immer noch glimpflich davongekommen war. Und überhaupt: In unserem Keller daheim seien sie selbst und die Mitbewohner ja sehr gut geschützt, versuchten meine Eltern mich zu beruhigen.

Da wir in Thüringen in dieser Zeit von Fliegeralarm noch immer verschont blieben, schien der Krieg für uns weit fort zu sein. Unsere winterlichen Ausflüge und sportlichen Betätigungen im Freien fanden ohne Einschränkungen statt. Trotzdem wurde natürlich für den Notfall geübt. Dabei hatten wir in der Nacht, wenn die Sirenen gingen, eiligst die Zimmer zu verlassen, im Korridor Aufstellung zu nehmen und kontrolliert den Keller aufzusuchen.

Viel Raum war dort unten nicht, da sich im vorderen Teil des Hauses die Küche befand, von der das Essen über einen

Aufzug in den Speisesaal hochgezogen wurde. Auch ein Lagerraum für haltbare Lebensmittelvorräte und eine Abstellkammer für Gerätschaften und Werkzeuge wurden im Keller benötigt. So war unser Schuhverschlag mit einem kleinen noch verbleibenden Nebenraum unsere einzige Bleibe bei einem eventuellen Luftangriff.

Außerhalb des Lagers hatte man bei Alarm von Straße und Bürgersteig zu verschwinden sowie das nächste Haus aufzusuchen oder Deckung in einem Straßengraben zu nehmen.

Ein mich aufbauender Brief kam aus Nürnberg, von Onkel und Tante. Man war stolz auf das deutsche Mädel, das nun auch zu einer Elite gehörte, der Adolf Hitler die besten Aussichten auf eine Zukunft in seinem Sinne zudachte. Genau das wollte ich hören. Von ihnen erreichte mich auch dann und wann ein Päckchen mit Plätzchen und anderen Süßigkeiten, dazu stets persönliche Zeilen von Onkel Otto, dem ich mich ja sowieso in seiner hohen Meinung von Adolf Hitler sehr verbunden fühlte.

Dagegen vermittelten mir die Briefe meiner Kölner Verwandtschaft so gar keine Anerkennung, was meine Begeisterung für unseren Führer betraf. Sie enthielten nur praktische

Hinweise und Ermahnungen, mich im kalten Thüringer Winter warm anzuziehen und tüchtig zu essen, damit ich gut erholt bald wieder nachhause zurückkommen könnte.

Wollte ich das wirklich noch: so rasch wie möglich wieder heimkehren? Wir fühlten uns inzwischen zu einer verschworenen Gemeinschaft zusammengewachsen, mitsamt Sigrid und Uschi, denn es gelang denen, mit ihrer Zuversicht und Fröhlichkeit und mit nicht mehr ganz so strengen Erziehungsmethoden, uns bei Laune zu halten.

Heimweh empfand man zwar weiterhin. Zumindest bei mir hielt es sich aber inzwischen in Grenzen. Meine Puppe Anneliese, die ich immer liebevoll vor dem Einschlafen im Arm gehalten hatte, um mich in der Fremde zu trösten, diente mir jetzt nur noch als Dekoration auf meinem Bett.

Mutter hatte sich für Februar wieder angemeldet. Auch andere Kinder bekamen oder erwarteten Besuch. Wie die Eltern es schafften, in diesen unsicheren und gefährlichen Zeiten die langen Bahnfahrten auf sich zu nehmen, um uns für ein paar kurze Tage, die sie bleiben konnten, zu besuchen, war schon bewundernswert.

Und alle brachten sie sogar was mit in diesen Kriegszeiten. Vor allem Süßigkeiten, mit denen wir hier im Lager außerhalb besonderer Anlässe sehr kurzgehalten wurden, obwohl für uns doch sonst alles da war. Wollte man uns vor Karies schützen, oder waren im Deutschen Reich die Kakaobohnen für die begehrte Schokolade kriegsbedingt ausgegangen? Wo hatten sie dann die Eltern her? Wie auch immer: Jeder, der in den Besitz einer Tafel kam, teilte selbstverständlich mit allen anderen im Zimmer.

Unser Alltag bestand weiterhin aus Lernen am Morgen, und wenn keine Wanderung am Nachmittag im Programm stand, berichteten uns Sigrid und Uschi gemäß ihrem Auftrag von den Heldentaten unserer Wehrmacht an sämtlichen Fronten.

Sehr glücklich machten mich die Ansichtskarten meiner früheren Volksschullehrerin, die sich seinerzeit für meinen Schulwechsel nach der vierten Klasse eingesetzt hatte. Die Karten zeigten Bilder von Unterseebooten, die von erfolgreicher Feindfahrt in den Heimathafen zurückkehrten, geschmückt mit zahlreichen Wimpeln an den Masten, die anzeigten, wie viele feindliche Schiffe sie versenkt hatten.

Auch der Besuch eines Offiziers in unserem Heim beeindruckte uns besonders. Man hatte ihm das Ritterkreuz verliehen, ein Zeichen für große Tapferkeit vor dem Feind. Nach einer Verwundung im Kampf war ihm ein Heimaturlaub zur Erholung verordnet worden. Wir bewunderten ihn bei seinen Erzählungen von vorderster Front, das heißt: Unsere Bewunderung kannte kaum mehr Grenzen, so sehr waren wir bereits eingebunden in dieses ganze System!

Man sorgte auch weiterhin dafür, dass nur die guten Nachrichten bei uns ankamen. Dazu wurde im Speisesaal eine Leinwand aufgestellt, um uns alle unsere Parteigrößen wie Göring, Goebbels und vor allem unseren Reichsjugendführer Baldur von Schirach in Propagandafilmen nahezubringen, nachdem uns deren Reden und Durchhalteparolen vom Radio her bereits bestens bekannt waren.

Briefe an Eltern und Verwandte wurden einmal in der Woche geschrieben. Wir hatten sie geöffnet abzugeben. Durch Kontrolle wollte man wohl vermeiden, dass irgendwelche Klagen, zum Beispiel über Heimweh, zuhause ankamen.

Schon einmal hatte meine Mutter angefragt, ob ich denn schreibfaul sei. Aber ich hatte doch geschrieben …, wahrscheinlich einen etwas unbedachten Brief, der dann „verloren ging".

Sicher, wir alle sehnten doch schließlich ein Ende des Krieges herbei. Was wir nicht wussten: An allen Fronten waren unsere Truppen längst auf dem Rückzug.

Aber bestimmte Meldungen konnte man uns nicht vorenthalten. Der ältere Stiefbruder meiner Kusine Helma war in Afrika als Oberleutnant einer Panzerarmee gefallen. Wie stolz könne sie auf ihn sein, der nun auch sein Leben für Führer, Volk und Vaterland geopfert hatte, „tröstete" man sie im Lager. Er war seit 1937 verheiratet gewesen und damals bereits Wehrmachtsoffizier (Abb.23).

Auch in Tabarz gab es nun gelegentlich Fliegeralarm, aber es hielt sich in Grenzen. Der Alarm kam meistens in der Nacht. Unser Gebiet wurde hoch überflogen, wir suchten den Keller auf und konnten ihn bald darauf wieder verlassen, um weiterzuschlafen.

Später nach Ende des Krieges machte ich mir Gedanken darüber, wem wir damals die Ruhe vor dem Sturm zu verdanken hatten. War es wegen Mitteilungen von Spionen, die den

Alliierten schon längst die Lage des Konzentrationslagers in Buchenwald (in nur circa 40 Kilometer Entfernung von uns) vermittelt hatten?

Abb.23 Hochzeitsbild von Helmas Bruder, 1937

Feindliche Aufklärungsflüge gab es ebenfalls, bei denen eine so riesige Anlage nicht verborgen bleiben konnte, und die wussten, wie schutzlos diese inhaftierten Menschen bei Angriffen ausgeliefert wären.

Auch diese Gefangenen erhofften sich damals ein schnelles Ende des Krieges - sollten sie es überhaupt erleben -, dabei aber mit ganz anderen Vorstellungen zum Kriegsausgang wie wir.

Langsam verabschiedete sich der Winter. Aus den Wochen unseres Aufenthalts waren nun schon Monate geworden.

Mit einem Frühstücksteller umrankt von den ersten Frühlingsblüten gelber Forsythien gratulierte man mir zu meinem 11. Geburtstag am 4. April 1944.

Kurz darauf feierten wir Ostern, allerdings nicht so sehr im Sinne des christlichen Brauchtums.

Zum morgendlichen Waschen hatten wir am ersten Feiertag weit zu gehen. Schweigend zogen wir zu einer entlegenen Wasserquelle in freier Natur, und nur, wer bis dahin noch kein Wort gesprochen hatte, dürfte sich während der Säuberung etwas wünschen, was der Legende nach in Erfüllung gehen sollte.

So hatte man uns schon vorher auf dieses Ritual vorberei-tet. Aber es musste auch weiterhin das Geheimnis jeder Ein-zelnen von uns bleiben. Bei meiner Mitteilsamkeit für mich ein schweres Unterfangen. Wir gewinnen den Krieg! Das war mein sehnlichster Wunsch.

Süßigkeiten und Kuchen wurden wieder verteilt, denn zwei Zimmerkameradinnen hatten über Ostern ihre Mütter zu Be-such, und die brachten diese Leckereien mit.

Adolf Hitlers Geburtstag am 20.4.44 muss doch ein ganz besonderer Tag gewesen sein. Allerdings habe ich im Nach-hinein keine Erinnerung mehr daran, was wir dazu im Lager unternahmen. Ein Jahr zuvor hatte ich mit großer Begeiste-rung an der Großveranstaltung zu seinen Ehren mit der ge-samten Hitlerjugend unserer Stadt teilgenommen. Da war ich schließlich noch zuhause gewesen.

9) Badefreuden?

Im Mai kam meine Mutter. Es war das dritte Mal, dass sie diese beschwerliche Reise auf sich nahm. Für mich war das irgendwie selbstverständlich, denn von den Zerstörungen – auch auf den Bahnstrecken und all den dadurch bedingten Einschränkungen – erzählte sie mir nichts mehr.

Vater vermisste ich sehr, aber großes Verständnis, dass er verhindert war, hatte ich auf jeden Fall. Der Rüstungsbetrieb, in dem er seiner schweren Arbeit als Former und Gießer nachging, arbeitete auf Hochtouren, und so war er unabkömmlich, was ich dann auch mit Stolz zur Kenntnis nahm.

Er arbeitete schließlich für unseren Führer und eine gemeinsame deutsche Zukunft. Dafür bekam er bei der Zuteilung der Lebensmittelkarten eine Schwerstarbeiterzulage. Das bedeutete immer ein bisschen mehr Brot, Butter und Fleisch sowie andere Vergünstigungen. Aber auch ohne diese bräuchte man nicht zu hungern, wie Mutter sagte.

Sie hatte mir einen Teil meiner Sommersachen mitgebracht, zum Beispiel einen Badeanzug, der bald für den Schwimmunterricht benötigt wurde.

Eine Sport- bzw. Schwimmhalle gab es hier nicht, sondern lediglich eine sogenannte Wandelhalle, um heilendes Quellwasser in einem gepflegten Kurgarten zu genießen. Doch wir brauchten schließlich als Kinder mehr Bewegung und Aktivitäten. So hoffte die Lagerleitung auf eine warme Sommerzeit mit vielen Gelegenheiten, das vorhandene Freibad zu nutzen.

Für mich eine Horrorvorstellung!

Ein deutsches Mädel musste schwimmen können. Das hatte ich beim Eintritt in den BDM schon zu hören bekommen. Aber ich hatte bislang noch keine Gelegenheit dazu gehabt, es zu erlernen. Bedingt durch meinen weiten Schulweg zuhause, die nachfolgenden Hausaufgaben, dann die regelmäßigen Treffen beim BDM (die mir ja schließlich sehr wichtig waren) blieb mir keine zusätzliche Zeit, an irgendeinem Schwimmunterricht teilzunehmen. Da waren meine Prioritäten stets anders gesetzt.

So hatte es im Sommer in Solingen immer zahlreiche Sportfeste auf Außenanlagen in der Umgebung gegeben. Dort wurde sich im Hoch- und Weitsprung gemessen, wobei ich stets gut mithalten konnte. Auch die 100- und 200-Meterläufe legte ich zwar nicht als Beste hin, jedoch zu einer der erforderlichen Platzierungen und Punktzahlen für eine Urkunde reichte es allemal.

Aber was kam jetzt hier auf mich zu? Wasser war so gar nicht mein Element. Ich machte mir Sorgen.

Bald schon kam die Ankündigung für einen ersten Abmarsch ins Freibad. Welche Ausrede könnte ich mir einfallen lassen? Eine angebliche Krankheit würde durch die gründliche Untersuchung, die das nach sich zöge, wahrscheinlich rasch ausgeschlossen. So war ich auf Gedeih und Verderb meinem Schicksal ausgeliefert.

Die Namen der Nichtschwimmer waren unserer Begleitung durch vorherige Befragung bekannt. Es waren nur wenige, um die man sich da besonders zu kümmern hatte. Alle anderen sprangen nach einer Duschabkühlung vergnügt ins Wasser.

Mein unbedingtes Vertrauen zu Sigrid erlaubte es mir, meine Ängste soweit zu überwinden, um mit ihr ins halbhohe Wasser zu steigen, wo sie mit mir Atemübungen durchführte und versuchte, mir die benötigten Bewegungen bei Schwimmstößen beizubringen. Aber außer Schnappatmung war da nichts auszurichten. Die aufkommende Panik ließ mich alle guten Vorsätze vergessen.

Eine Schwimm-Angel, an meinem Körper befestigt, würde mich über Wasser halten, versicherte man mir. Nachdem diese aber nach kurzer Zeit nachgab und ich Wasser schlucken musste, gab es kein Halten mehr. Hier musste ich raus.

Erschöpft streckte ich Sigrid am Beckenrand die Hand hin, die mir hinaus half, damit ich mich erst einmal erholte.

Ich blickte ins Rund. Wie beneidete ich die anderen Nichtschwimmer, die es wirklich geschafft hatten und erste erfolgreiche Runden zogen – ohne unterzugehen.

Ich ahnte nichts Böses, als Uschi bei mir die Führung übernahm und mich mal eben und ganz beiläufig zum Dreimeterbrett begleitete. Darunter war das Wasser natürlich besonders tief. Eh ich mich besann, verspürte ich einen Stoß. Ich stürzte vom Beckenrand ins Wasser - und dann kämpfte ich nur noch ums nackte Überleben: Ein kurzes Auftauchen, ein verzweifeltes Japsen, und schon schlugen die Wellen wieder über meinem Kopf zusammen, und es zog mich in die Tiefe.

Natürlich wurde ich dann sehr rasch wieder herausgefischt, aus dieser für mich so entsetzlichen Situation gerettet, indem man mich aufs Trockne brachte. Die Angst vorm Wasser blieb und war größer als je zuvor.

„Genauso muss es sein, qualvoll zu ertrinken", dachte ich in Erinnerung immer wieder. Immerhin: Nie mehr hat man im Lager versucht, mir das Schwimmen beizubringen. Ich habe es in meinem langen Leben nicht erlernt - und bislang auch noch nie gebraucht.

10) Ein Fest auf der Wiese

Ein Sommerfest wurde vorbereitet. Alle Lager hatten daran teilzunehmen. Das waren Haus Ise, Haus Margarete und Haus Echarti für die Jungs und Haus Anna, Haus Veronika und Haus Gesang als Mädel-Lager.

Zur allgemeinen Belustigung sollte das Märchen vom Tapferen Schneiderlein aufgeführt werden. Jedes Lager hatte dazu einige Talente aus eigenen Reihen als Schauspieler vorzuschlagen, und so kam es bei den Vorbereitungen zu einem Treffen (heute würde man es „Casting" nennen), um die benötigten Darsteller zu testen.

Die männlichen Rollen übernahmen zunächst einmal naturgemäß die Jungen und die weiblichen die Mädchen. Aber wer kam für die Hauptrolle in Frage?

Man war sich einig: Für das Schneiderlein musste eine dünne, quirlige Person her. Unter den Jungs war da eher niemand geeignet.

Viele Augen richteten sich auf mich, aber da gab es noch eine weitere Kandidatin aus Haus Veronika, die diesem

Schema entsprach, und wie man hörte, wurde sie bei ihren Kameradinnen nur Philipp gerufen, wohl nach dem Zappelphilipp aus dem bekannten Struwwelpeter-Buch.

Man gab uns einige Texte zum Vorlesen und Interpretieren, und mit viel Enthusiasmus versuchten wir beide jeweils, das Beste daraus zu holen. Wie auch immer, bald schon hatte man sich für mich entschieden.

Dann kam der große Tag. Das Wetter ließ nichts zu wünschen übrig. In unseren schicken Ausgehuniformen trafen wir an einem zentralen Punkt auf die HJ- und BDM-Kameraden der anderen Lager, und dann marschierten wir gemeinsam singend mit unserem jeweiligen Fahnenträger voran zu einer großen, weit entfernten Waldwiese.

Nach der Begrüßung und den Reden unserer Lagerführer mit den immer wiederkehrenden Durchhalteparolen (an die wir freudig glaubten) gab es die Möglichkeit mit den Jungen und Mädels der anderen Lager ins Gespräch zu kommen.

Einig waren wir uns darüber, dass es einmal an der Zeit sei, nachhause zu fahren, um für zwei bis drei Wochen die Sommerferien dort zu verbringen. Selbst wenn es da nicht ganz so friedlich zugehen würde wie bei uns, wollten wir das in Kauf nehmen.

Was wir nicht ahnten: Das Blatt hatte sich längst zu Ungunsten Deutschlands gewendet. An allen Fronten waren die Deutschen inzwischen auf dem Rückmarsch. Bei der Schlacht um Stalingrad im eiskalten russischen Winter hatte die Wehrmacht keinerlei Chancen mehr auf Sieg gehabt. Auch in Afrika hatte Generalfeldmarschall Rommel seinen verzweifelten Kampf gegen einen überlegenen Gegner verloren.

Bei uns aber war heile Welt. Hatten wir nicht ein tolles Sommerfest mit viel Gesang und Vergnügen? Es gab Essen aus einer großen Gulaschkanone, und auch viele Leute aus der einheimischen Bevölkerung hatten sich nun nach und nach eingefunden, um an unserer Veranstaltung teilzunehmen.

Ich fieberte meinem großen Auftritt entgegen, der zum Ausklang des Tages das spaßige Ende darstellen würde.

Es war kein leichtes Unterfangen, auf einer Freilichtbühne diese recht komplexe Märchenhandlung glaubhaft aufzuführen. Da bedurfte es mancher Improvisation. Doch zum Schluss stand das siegreiche Schneiderlein mit seiner Prinzessin und dem gesamten Hofstaat vor einem applaudierenden Publikum.

Der Prinzessin überreichte man einen Blumenstrauß und mir, dem Schneiderlein, einen Hefezopf, den ich am Abend gemeinsam mit meinen Zimmergenossinnen verspeiste.

Für uns waren es schöne Sommertage im Juni 44: unbesorgt und dabei abwechslungsreich.

Unserem Lagernamen, „Haus Gesang" machten wir alle Ehre. Außer den üblichen deutschen Marschliedern, die wir immer wieder bei unseren gemeinsamen Abmärschen vom Haus durchs Städtchen zu singen hatten, lehrte uns Sigrid zusätzlich einige Volksweisen, die ich noch nicht kannte.

So auch das Lied „Hohe Nacht der klaren Sterne, die wie weite Brücken stehen". Dessen letzte Strophe stellte eine Hommage an alle Mütter dieser Welt dar – etwas sentimental, aber auch einfühlsam-eingängig.

Außerhalb unseres Ortes befand sich ein Hotel. Das hatte ebenfalls die Regierung beschlagnahmt - für die Unterbringung werdender Mütter, die man hier vor den Bombenangriffen in ihren Heimatstädten in Sicherheit brachte.

An einem späten Sommerabend begaben wir uns dorthin, nahmen Aufstellung vor dem Haus, vor dem sich auch dessen

Bewohnerinnen versammelt hatten, und dann sangen wir dieses Lied zur Freude oder vermeintlichen Freude der Zuhörerinnen. Auch so etwas gehörte zum politischen Ritual der deutschen Mütterverehrung.

Soweit ich mich entsinne, war es im Juli, als man uns mitteilte, dass der bisherige Rektor als Leiter unserer Lager ab sofort nicht mehr für unsere Anliegen zuständig sei. Man hatte ihn offenbar abgesetzt, weil er so gar nicht mehr den Prinzipien der Partei entsprach, die er zu vertreten hatte. Er muss sich wohl des Öfteren mit den NSDAP-Stellen überworfen haben. Da war seine Entlassung nur noch eine Frage der Zeit gewesen.

Ihm folgte mit Herrn Rektor Schröder ein verlässlicher Gefolgsmann der Partei, der im Weiteren linientreu die Führung übernahm.

Dann die Überraschung. Die Gauleitung hatte die Genehmigung für einen Heimaturlaub erteilt. Die Freude war riesig. Endlich nach all den vielen Monaten (insgesamt bereits ein Dreivierteljahr) durften wir mal wieder heim.

Jedoch in unsere Vorbereitungen platzte die Schockmeldung von dem Attentat auf unseren geliebten Führer. Das konnte doch nicht sein. Wir waren fassungslos. Die Nachrichten überschlugen sich. Hatte er überlebt? Wir hofften es inständig. Die Unruhe unserer Lagerleitung verunsicherte uns ungemein. Und dann nach vielen Stunden der Ungewissheit die erlösende Nachricht: Adolf Hitler hatte den Anschlag überlebt. Die Täter seien verhaftet und würden zur Rechenschaft gezogen.

Wieviel Blutvergießen auf den Schlachtfeldern ein erfolgreicher Anschlag verhindert hätte, darüber muss es bei all den Menschen, die nicht mehr an den Endsieg glaubten, keine Zweifel gegeben haben. Es waren besonnene Offiziere (um General von Stauffenberg), die erkannten, wo es hinführen würde, wenn dieser unselige Krieg nicht baldmöglichst beendet sein sollte. Es war ihnen am 20. Juli 1944 aber nicht gelungen, das weitere Schicksal Deutschlands aufzuhalten. Eine öffentliche Demütigung folgte, und kurz darauf gab man ihre Hinrichtung bekannt.

So bitter es heute klingen mag: Total verblendet durch unsere propagandistische Erziehung empfanden wir alle im Lager eine große Genugtuung bei dieser Bekanntmachung eines gescheiterten Attentats.

11) Noch einmal zuhause

Kurz darauf erfolgte unser Heimaturlaub. Alle Lagermannschaftsführer/innen begleiteten uns. Sie waren bei Gastfamilien untergebracht, da sie selbst nicht aus Solingen stammten.

Meine Eltern hatten sich bereit erklärt, ein Zimmer für Sigrid zur Verfügung zu stellen. Als regelmäßigen Besucher sahen wir Martin, den Lagerführer in einem der Jungenlager, der offenbar eng mit Sigrid befreundet war und sich häufig mit ihr traf.

Ich mochte ihn sehr, hatte er doch einen Riesen im Tapferen Schneiderlein gespielt. Bei den Proben war er stets zu lustigen Scherzen aufgelegt gewesen.

Der Heimurlaub war trotz der gelegentlichen – aber noch harmlosen - Unterbrechungen durch Fliegeralarm eine glückliche Zeit.Sogar eine Klassenkameradin, die etwas außerhalb auf ihrem elterlichen Bauernhof wohnte und dort ebenfalls die Ferien verbrachte, konnte ich hin und wieder besuchen.

Viel Zeit zum Spielen blieb ihr allerdings nicht. Da gab es immer etwas zu tun, wobei man ihre Hilfe benötigte, und da ich nun einmal da war, machte auch ich mich gerne nützlich: zum Beispiel bei der Ernte der Frühäpfel sowie beim Säubern der Ställe. Einmal kamen mir auf dem Heimweg schon Mutter und Sigrid besorgt entgegen, denn diesem augenblicklichen Frieden traute man doch nicht so sehr, zumindest die Erwachsenen nicht.

Das Ende der Ferien stand bevor. Meine Eltern bemerkten bei Sigrid eine gewisse Unruhe. Bei vielen Familien hatte es Bedenken, wenn nicht gar Ablehnung, gegeben, ihre Kinder wieder mit zurück ins Lager zu schicken.

Sigrid befürchtete, man würde sie und die anderen Lagerführer verantwortlich machen für diesen Ungehorsam gegenüber ihrer höheren Dienststelle.

Meine Eltern hatte sie daher überzeugt, dass ich durch eine Rückkehr auf der absolut sicheren Seite stehen würde und sie mir nicht meine Zukunft durch eine Absage verbauen sollten.

Mich brauchte man gar nicht erst zu fragen. Mein Entschluss stand fest: Ich würde zurückkehren, um alles zu tun, was der Führer von mir erwartete – und natürlich auch, um Sigrid nicht zu enttäuschen.

Die stete Zustimmung aus Nürnberg kam mir da gerade recht, und auch Kusine Helma war zu einer Rückkehr fest entschlossen. Doch viele andere Eltern glaubten offenbar nicht mehr an den Endsieg und behielten ihre Kinder daheim.

Dann der Tag der Abreise und die große Enttäuschung bei der Lagerleitung. Etwa die Hälfte aller „Lagerinsassen" erschienen trotz angedrohter Konsequenzen nicht zur Rückreise.

Die Berliner Schulbehörde erteilte denen im Folgenden ein Schulverbot. Das bezog sich auf alle Schulen der Stadt. Sie durften nirgendwo aufgenommen werden. Erst im Spätsommer 45 konnten sie ihre Schulbildung an den städtischen Gymnasien fortsetzen. Unsere sogenannten „Hauptschulen" waren zu diesem Zeitpunkt als NS-Einrichtungen bereits eingestellt worden.

Unsere heutige Hauptschule hat eine ganz andere Prägung und Bedeutung. Der damalige Begriff stand für eine national-sozialistische Erziehungsanstalt mit dem Unterrichtslehrstoff einer weiterbildenden Schule.

Ich selbst kehrte mit großer Erwartung ins Lager zurück. Sigrid war es schließlich gelungen, alle Bedenken meiner Eltern zu zerstreuen, und sie hatte ihnen versprochen, gut auf ihre Tochter aufzupassen.

Zwei Zimmerkameradinnen fehlten. Dass man eine so großartige Zukunft, die man uns im Dritten Reich doch immer vor Augen führte, völlig undankbar ausschlagen konnte, war für uns Rückkehrer nicht nachvollziehbar. Die Gesinnung ihrer Eltern hatte sich wohl geändert, und sie hatten sich dem zu beugen. Verstehen konnten wir das nicht.

Durch die Reduzierung der Gesamtschülerzahl kümmerte man sich nun besonders um uns Verbliebene. Die Wochen verliefen weiterhin in gewohntem Rahmen, doch der vorher immer etwas kumpelhafte Ton wich nun wieder den strengen Regeln nationalsozialistischer Erziehung, deren Befolgung dann aber auch gelegentlich mit einem Kinobesuch belohnt wurde.

Ein Film mit dem Titel „Junge Adler" beeindruckte uns sehr. Es handelte sich nicht etwa um einen Tierfilm, sondern um einen Propagandastreifen über Hitlerjungen, deren erste Flugerlebnisse mit Kampffliegern heldenhaft dargestellt wurden. Hardy Krüger spielte die Hauptrolle. Dieser gutaussehende Schauspieler begeisterte uns alle und ließ uns noch lange nach diesem Kinobesuch von ihm schwärmen.

Aber auch leise Töne waren angesagt. Im Musikunterricht brachte man uns mit Werken Robert Schumanns, seiner Frau Clara und ihres Zeitgenossen Johannes Brahms die bedeutenden Komponisten und Pianisten einer Zeit nahe, die für uns noch nicht in allzu ferner Vergangenheit lag.

Der Spielfilm „Träumerei" über das Leben Robert Schumanns war nach einer seiner berühmtesten Kompositionen benannt. Den durften wir uns ebenfalls anschauen. Er wurde während des Kriegs gedreht und mit Mathias Wieman, einem damaligen Ufa-Star, in der Hauptrolle besetzt. Ich habe den Film auch heute noch in guter Erinnerung, und die Musik berührt mich immer wieder, wenn ich sie höre.

12) Bedrohliches

Noch einmal kam Mutter zu Besuch. Es sollte ihre letzte Reise in Kriegszeiten sein. Die Bahnfahrt war zu einem regelrechten Abenteuer geworden.

Sie wunderte sich und freute sich darüber, wie unberührt vom Kriegsgeschehen unser Lagerleben hier verlief, im Vergleich zu den ständigen Luftangriffen, die nun in der Heimat fast zum täglichen Leben gehörten.

Eine Zimmerkameradin war ernsthaft erkrankt. Sie lag im Krankenhaus Waltershausen, wo ich sie unbedingt aufsuchen wollte, was auch genehmigt wurde, da sie keine ansteckende Krankheit hatte. Ich bekam einen Tag schulfrei, und meine Mutter sollte mich begleiten. Eine Waldbahn, die auch die Verbindung zu den nächsten Zugbahnhöfen anfuhr, brachte uns ans Ziel.

Als Geschenk und Aufmunterung gab es für sie eine der Schokoladentafeln, die Mutter in Solingen organisiert und für uns alle mitgebracht hatte. Sie bat meine Mutter, ein kleines Andenken, selbstgebastelt in Form eines Herzens, für ihre Familie mitzunehmen, als Zeichen, dass es ihr gut gehe und die

Entlassung kurz bevorstehe. Wir freuten uns mit ihr. Das Herz mit einigen geschriebenen Zeilen versprach Mutter, bei ihr zuhause vorbeizubringen.

So weit war noch alles gut verlaufen ...

Die Heimfahrt begann allerdings für uns mit einer mittleren Katastrophe. Beim Einstieg in die Bahn herrschte großes Gedränge. Am Ende wussten wir nicht, wie es passieren konnte. Mutter suchte die Rückfahrkarten in ihrer Manteltasche, schob mich vor sich her ins Abteil. Dabei konnte wohl ein geschickter Taschendieb ihre Brieftasche mit allen Ausweisen, Geldscheinen und der wertvollen Lebensmittelkarte entwenden.

Die hatte sie auf ihrer Thüringenreise dabei, um auf den gesammelten Punkten der dazugehörenden Kleiderkarte etwaig benötigte Wäsche für mich zu kaufen.

Total mittellos kamen wir ins Lager zurück. Aber sofort bemühte man sich, Ausweispapiere und Geld für die Rückreise zu besorgen, die am übernächsten Tag bevorstand. Und mit einer Beglaubigungsschrift der Lagerleitung bekam Mutter nach ihrer Heimkehr auch wieder einen guten Anteil ihrer Lebensmittel- und Kleiderpunkte ersetzt. Die Organisation funktionierte.

In welche Gefahr sich der besagte Dieb damals jedoch begab! Eine Volksgenossin zu bestehlen, hätte schlimme Folgen haben können, denn auf Plünderungen ausgebombter Häuser stand zum Beispiel die Todesstrafe.

Wenn sich trotz solch drastischer Strafandrohungen Diebstähle ereigneten, mag es auch ein Maß dafür gewesen sein, in welcher Not sich die Menschen zu der Zeit befanden. Das machte ich mir erst später klar. Damals als Kind war ich einfach nur wütend auf den dreisten Übeltäter, der meine Mutter beklaut hatte.

Voller Hoffnung auf ein baldiges Wiedersehen verabschiedete ich mich von ihr. Niemand konnte ahnen (wir Kinder schon gar nicht), was schwerste Bombenangriffe bald darauf in unserer Heimatstadt anrichten würden.

Selbst wir in unserem beschaulichen Ort Tabarz wurden in der folgenden Zeit immer mal wieder durch Fliegeralarm aufgeschreckt und - wenn er bei Nacht erfolgte – aus dem Schlaf gerissen.

Bei Tag flüchteten wir bisweilen in den angrenzenden Wald, wo wir in kleinen Mulden, getarnt mit Reisig, Schutz suchten.

Aber das betrachteten wir in der Regel als abwechslungsreiches Abenteuer, aus dem wir, wo doch nichts geschah, immer wieder unversehrt ins Lager zurückkehrten.

Wie stolz waren wir über die Meldungen von militärischen Erfolgen, die uns nach wie vor erreichten und uns anzeigten, dass der Sieg über die Feinde nur noch eine Frage der Zeit sein konnte.

Unser Hass, insbesondere auf England und Russland mit ihren Anführern Churchill und Stalin kannte keine Grenzen. Die würden büßen für ihre gemeinen Luftangriffe auf unsere Bevölkerung und die Russen überdies für die hinterhältigen Versuche, unsere deutschen Soldaten bei ihren Vormärschen in das Feindesland aufzuhalten.

Was hatte sich da nur in unseren Köpfen festgesetzt? Keiner hätte mir klarmachen können, dass wir Deutschen schuld an diesem Krieg waren. Unser Führer hatte eben schnell genug erkannt, in welcher Gefahr wir schwebten, und somit frühzeitig Maßnahmen ergriffen, die uns vor den Überfällen der Feinde schützen sollten.

Genau das war – siegreich – durchgeführt worden, und daher würde die gemeinsame Zukunft ein glückliches Ende finden, der Krieg erfolgreich für uns enden. Davon war ich auch zu dieser Zeit noch felsenfest überzeugt.

Da durch die Daheimgebliebenen viele Zimmer nur noch halb belegt waren, ordnete man bei der Gauleitung die Zusammenlegung mehrerer Lager an. Für uns vollkommen fremde Mädchen belegten jetzt die freigewordenen Betten in unseren Zimmern. Man hatte sie aus ihren – ebenfalls – linientreuen Schulen, die sich aber inzwischen in bombengefährdeten Gebieten befanden, abgezogen und nun bei uns einquartiert. Die Neuen stammten aus dem Saargebiet, zeigten sich alsbald in ihrer Gesinnung mit uns auf einer Wellenlänge und waren uns folglich herzlich willkommen.

Erst zum Ende des Jahres, im November 44, änderte sich unsere Stimmung dann schlagartig durch folgendes Ereignis: Unsere ferne Heimatstadt war zwei Tage lang das Ziel britischer Bomberstaffeln geworden. Die Solinger Innenstadt galt als komplett zerstört. Es gab über 2000 Tote und Verletzte.

Das konnte man uns dann doch nicht mehr verschweigen, da auch einige Klassenkameradinnen von den Zerstörungen ihrer Elternhäuser betroffen waren. Zum Glück gab es bei ihnen kein Menschenleben zu beklagen.

Ich bekam die Nachricht, dass es in meinem Elternhaus mit seinem sicheren Kellergewölbe nur Beschädigungen an Haus und Hausrat gegeben habe, aber alle gesundheitlich wohlauf seien.

Das Nachbarhaus, ein großes bergisches Schiefergebäude, sei aber durch eine Luftmine, die in unmittelbarer Nähe explodierte, vollkommen zerstört worden. Die beiden Familien, die es mit ihren Kindern bewohnten, hatten sich wenigstens in Sicherheit bringen können.

Die Sorgen um meine Lieben daheim ließen das Heimweh wach werden, das ich bislang nicht mehr so deutlich wahrgenommen hatte. In der Heimat befanden sich jetzt viele Menschen in verzweifelter Lage. Aber erzählte man uns nicht immer wieder von Wunderwaffen, die unser Führer bald einsetzen würde, um den Krieg doch noch siegreich zu beenden? Das glaubten wir weiterhin zu gerne.

Die Aussicht, auf eine Ausbildungsschule für Jugendführerinnen in Steudnitz, Thüringen, zu kommen und damit ausschließlich im Dienst unseres deutschen Volkes zu stehen, überwog auch das größte Heimweh und zerstreute schließlich Bedenken und Sorgen.

13) Besetzt

Die Vorbereitungen für das Weihnachtsfest begannen. In Solingen hatte es im Dezember keine neuen Angriffe mehr gegeben.

Die Bomber, die weiterhin hoch über Thüringen hinwegflogen und bei uns für Alarm sorgten, hatten wohl andere – und lohnendere - Ziele im Visier.

Elternbesuche kamen nur noch vereinzelt und dann gar nicht mehr. Die allgemeine Gefahrenlage und auch das Risiko, überhaupt nicht mehr durchzukommen, waren zu groß geworden mit all den zerstörten Bahnhöfen und unterbrochenen Schienensträngen.

Beruhigende und tröstliche Briefe kamen immerhin noch an, und selbst die Weihnachtspakete erreichten uns pünktlich.

Mit einem Krippenspiel am Heiligen Abend, wobei ich in die Rolle eines Weihnachtsengels schlüpfen durfte, wurde es sehr feierlich. Die bunten Teller für jeden von uns waren gut gefüllt und vom Feinsten, ganz so wie im Vorjahr.

Das Jahr 1945 begann mit einem gemeinsamen Jahresrückblick, wobei – abgesehen von den schlimmen Zerstörungen der Städte, die schließlich ja auch uns bekannt waren - immer wieder versichert wurde, wie wirksam die deutsche Abwehr es vermeiden könnte, dass uns weitere Schäden zugefügt würden.

In Wirklichkeit sah natürlich alles längst anders aus. Aber wir glaubten nur zu gerne das, was man uns von unserer heldenhaften Kriegsführung berichtete.

Während wir just an diesem Neujahrstag weiter von einer für uns glanzvollen Zukunft träumten, hatten die alliierten Bomber unsere Heimatstadt erneut heimgesucht.

Eines ihrer Geschwader startete am 1.1.45 einen schweren Angriff, diesmal auf die bislang noch ziemlich unbeschädigten Randgebiete nördlich unserer Stadt. Dazu gehörte auch die Umgebung meines Elternhauses.

Erst viele Tage später kam die Nachricht, dass sich bei uns im Haus alle im Keller in Sicherheit bringen konnten. Doch ein Nachbarsjunge, der das Haus nicht mehr erreicht hatte, war von einem Bombensplitter tödlich verletzt worden. Ihm, einem 15jährigen Hitlerjungen, hatte stets meine stille Bewunderung gegolten, und so traf mich die Nachricht seines Todes besonders tief.

Die Mitteilung kam, dass man meinen Vater eingezogen hatte. Wie stolz war ich zu hören, dass er nun auch zu denen zählte, die Deutschlands Grenzen tapfer verteidigten.

Die Gefahr, der er nun mit all seinen Kameraden ausgesetzt war, kam mir gar nicht erst in den Sinn. Er kämpfte nun auch für unseren Führer, und gleich im ersten Brief beförderte ich ihn per Adressanschrift zum Gruppenleiter, bis Mutter mir im nächsten Schreiben klarmachte, dass ich diese Anrede nicht mehr wählen sollte. Vater sei zum „Schanzen", wie man es damals nannte, an der Westfront eingesetzt. Dort würden tiefe Gräben ausgehoben, um den vorrückenden, feindlichen Panzern den Durchbruch unmöglich zu machen.

Möglicherweise hat ihm sein damaliger Einsatz das Leben gerettet, denn am 16. Februar 1945 ereignete sich ein Bombenangriff, der mit voller Härte auf seine frühere Arbeitsstätte in der Gießerei traf. Dieses große, für die Flugzeugindustrie produzierende Werk, das die beiden schweren Angriffen im November 44 noch unbeschadet überstanden hatte, stellte jetzt das Hauptziel dar.

Im Nu war es ausgelöscht. 310 Tonnen Sprengstoffbomben hatten ihre Wirkung getan. Es gab 105 Tote und viele Verletzte, darunter auch zahlreiche Kriegsgefangene und ausländische Arbeiter, die dort zwangsweise beschäftigt waren.

Von all diesen Vorkommnissen ließ man uns im Lager wohlweislich nichts wissen, und ich erfuhr es nur im Nachhinein. Erst bei meiner Rückkehr nach Ende des Krieges, erlebte ich die furchtbaren Ausmaße, die meine Heimatstadt tatsächlich getroffen und zerstört hatten.

In Tabarz lebten wir damals wie auf einer Insel. Für uns gab es nach wie vor den hehren Glauben an unseren Führer Adolf Hitler und seine Gefolgschaft, immer noch mit Aussicht auf ein siegreiches Ende.

Wir waren doch schließlich „Sonnenkinder", wie mein Onkel aus Köln es damals genannt hatte. Der Begriff hatte sich mir geradezu eingebrannt.

Mit großer Achtung und Bewunderung hörten wir von unseren Verbündeten in Italien und im fernen Japan, die uns getreu zur Seite standen und unsere eigenen Streitkräfte an ferner gelegenen Kriegsfronten so tatkräftig unterstützten.

Inzwischen kamen Briefe von zuhause nur noch spärlich und vereinzelt an, und ab März erreichten uns dann überhaupt keine Nachrichten mehr von daheim. Unruhe machte sich im Lager breit.

Der Nachschub an Verpflegung schien ins Stocken zu geraten. Außerdem wurden größere Ausflüge in die grüne Umgebung von Tabarz nun gestrichen. Die Lagerleitung hielt sich bedeckt. Sie hatte man vermutlich längst informiert, über Dinge, die uns Kindern verborgen blieben, das heißt verborgen bleiben sollten.

Am 4. April (meinem Geburtstag) rollte dann der erste amerikanische Panzer in unsere Straße. Es folgten weitere, und überall liefen US-Soldaten schwer bewaffnet von Haus zu Haus, um zu kontrollieren, ob von dort keine Gefahr auf ihre Nachhut lauerte. Die Bewohner des Ortes hatten weiße Tücher an den Fenstern befestigt. Bei uns wehte eine gelbe Fahne. Dort, wo wir am Morgen immer so stolz die Nationalflagge mit dem Reichsadler per Hitlergruß gewürdigt hatten, flatterte nun dieses gelbe Etwas, das „Quarantäne" bedeutete.

Wir hatten sie auch damals schon hochzuziehen, wenn im Lager eine ansteckende Krankheit ausbrach. Das war diesmal zwar gar nicht der Fall, tat aber jetzt seine Wirkung: Das Haus wurde zunächst von den fremden Soldaten mit Vorsicht und Skepsis beäugt. Die gelbe Fahne schien international zu gelten, und siehe da, nach regem Palaver und misstrauischen Blicken in unsere Richtung, zogen die Amis vorbei, ohne uns zu kontrollieren.

Direkt nebenan, durch eine hohe Hecke als Sichtschutz abgeschottet, hörten wir laute Diskussionen der Soldaten mit den Besitzern dieses schönen Landhauses, das seinerzeit von einer Beschlagnahme durch die deutsche Gauleitung verschont geblieben war. Nun wurde es vom Feind besetzt.

Wir konnten kaum glauben, was da geschah. Wo war unsere Verteidigung? Unsere wehrhaften und tapferen Soldaten? Fragen über Fragen, und das Entsetzen war groß.

Ja, das war dann mal mein 12. Geburtstag, dieser 4. April 1945. Den habe ich auf diese Art nie wieder vergessen: Von unserer Führung erfuhren wir am Abend, dass die Amerikaner unseren Ort mit ihren Besatzungstruppen ohne Widerstand übernommen hatten. Sie enthielten sich dabei jeden weiteren Kommentars und auf unsere Fragen hin, wurde lediglich gesagt, dass man nun alles Weitere abwarten müsse.

Eine allgemeine Ausgangssperre wurde angeordnet, die dann nach einigen Tagen auf die Nächte beschränkt wurde.

An einen geordneten Tagesablauf war nicht mehr zu denken. Sigrid und Uschi als Lagerleiterinnen mussten möglichst schnell Verbindung mit den Besatzern aufnehmen.

Da im Haus so viele Kindern wohnten, konnten wir bleiben, aber Verpflegung würde erst einmal nicht zur Verfügung stehen ...

Jetzt plötzlich fehlten auch die gewohnten Abläufe, an denen wir bislang immer festhalten konnten. Die heile Welt, die man uns stets vorgegaukelt hatte, war plötzlich zusammengebrochen. Was kam da nur auf uns zu?

14) Temporärer Unterschlupf

Nun galt es, die noch vorhandenen Lebensmittel einzuteilen. Einen Beitrag für die eigene Verpflegung leisteten wir, indem wir mit Körben und Taschen die Wiesenränder nach den ersten zarten Brennnesselspitzen absuchten, die dann ähnlich wie Spinat angerichtet wurden. Auch Sternmiere, eine kleine, feingliedrige Pflanze mit weißen Blütensternchen, eignete sich für einen schmackhaften Salat.

Zu unserem Glück hatte sich der Winter im März schon verabschiedet - frühzeitig für diese Region - so dass wir nun fleißig Grünes sammeln konnten. Satt wurden wir jedoch davon nicht mehr. Der Magen knurrte, besonders abends, wenn es ins Bett ging. Dann schwärmten wir uns gegenseitig von unseren Lieblingsgerichten vor, von all dem, was man jetzt am liebsten verzehren würde. Doch die Leib- und Magenspeisen, die gab es nur noch in unserer Phantasie.

Wie gut hatte der Führer für uns gesorgt; es war uns bei ihm schließlich immer wohlergangen. Aber jetzt hatten sich die verhassten Amerikaner hier eingenistet, um alle Deutschen zu bevormunden und herumzukommandieren. Damit galt es sich wohl abzufinden. Doch wie sollte es weitergehen?

Die Amerikaner schienen sich vor Ort sehr wohl zu fühlen und zeigten große Aktivität. Sie richteten einen Stützpunkt in der Dorfmitte ein, so dass die Zivilbevölkerung sehr schnell mit dem Nötigsten versorgt wurde.

Bei uns verzögerte sich allerdings alles. Man hatte wohl erkannt, wer für die Erziehung dieser vielen jungen Menschen verantwortlich war, die man in den besten Häusern rundum untergebracht hatte.

Schließlich kam auch für uns eine Anordnung der Militärbehörde. Wir hatten uns in einem Restaurant einzufinden. Im angrenzenden Saal war alles für eine Filmvorführung vorbereitet. Was man uns kurz darauf dort demonstrierte, war ungeheuerlich!

Die Dokumentation sollte uns die Befreiung eines deutschen Konzentrationslagers zeigen, in denen Menschen jahrelang gequält worden und die meisten von ihnen zu Tode gekommen seien. Da lagen Berge von Leichen. Gestalten, die sich vor Schwäche und Unterernährung kaum noch bewegen konnten. Wir waren schockiert, fassungslos und konnten das Gesehene einfach nicht glauben.

In unseren Augen ein ganz gemeiner und niederträchtiger Propagandafilm. Niemals hätte unser Führer für etwas so Schreckliches Befehle erteilt.

Das mussten andere Befehlshaber von anderen Nationen gewesen sein, die diese armen Kreaturen gequält und getötet hatten, vielleicht die Russen. Und nun wollte man uns weismachen, es sei Adolf Hitler gewesen ...

Nach dieser grässlichen Filmvorführung befürchteten wir für uns alle das Schlimmste. Mit großer Angst kehrten wir ins Lager zurück.

Seltsamerweise verliefen die nächsten Tage genauso weiter wie zuvor. Unsere Lagerführerinnen weckten uns am Morgen, wir trafen auf unsere Lehrer, die uns unterrichteten. Später streunten wir im Dorf umher oder suchten in der Umgebung nach Kräutern und Essbarem, um uns abends pünktlich vor der Sperrstunde wieder vollzählig im Hause einzufinden.

Sigrid und Uschi waren zurzeit voll damit beschäftigt, mit dem Hauseigentümer und dem Küchenpersonal das, was an Nahrung noch vorhanden war, für jeden möglichst gerecht einzuteilen. Es reichte vorne und hinten nicht.

So machten sich die beiden auf den Weg, um bei den Einwohnern nach einer Tagesunterkunft mit Verpflegung anzufragen, für jeweils ein Kind. Die Bereitschaft war groß. So wurde auch ich vermittelt. Eine freundliche Familie nahm mich auf: Herr und Frau Nonn mit Tochter Erika.

Sie besaßen ein wunderschönes Haus in einer Durchgangsstraße des Ortes. Ein Wunder, dass es noch nicht von den Amerikanern beschlagnahmt war.

Nach der Begrüßung gab es ein gutes Frühstück, was mich nach all den Entbehrungen der letzten Zeit in ein Hochgefühl der Freude versetzte. Hier wurde ich mal wieder richtig satt.

Die Tochter des Hauses – sie war im gleichen Alter wie ich (Abb.24) - gesellte sich zu mir. Ein Butterfass wurde aufgestellt, Milch mit Rahm eingefüllt, bis sich durch Stampfen, das wir abwechselnd vollzogen, ein großes Stück Butter bildete. Für mich eine anschauliche Erfahrung mit Vorfreude auf das nächste Butterbrot.

Neugierige Fragen der Gastgeberfamilie zu meiner Lagerzeit beantwortete ich nicht immer wahrheitsgemäß. Noch wusste niemand, wie es weitergehen würde und was man mit uns vorhatte. Die Sperrstunden von abends bis morgens galten nach wie vor, und so hatte ich mich jeweils am späten

Nachmittag wieder im Lager einzufinden, um dort die Nacht zu verbringen.

Unsere Besatzer betrachteten wir auch nach Wochen noch als Feinde. Nach wie vor war ich der festen Überzeugung, dass sich das Blatt wieder wenden würde - zu Deutschlands Gunsten natürlich. Von Niederlage und Kapitulation war bei uns auch jetzt Ende April noch nicht die Rede, obwohl doch alles darauf hindeutete.

Abb.24: Meine Freundin Erika

Große Sorge bereitete mir die Ungewissheit, was aus meiner Familie daheim in Solingen wohl geworden war. Das wochenlange, vergebliche Warten auf Post beunruhigte mich, besonders am Abend vor dem Einschlafen, wenn man nicht mehr durch den Tagesverlauf abgelenkt wurde.

Da war niemand, der einen mal trösten konnte. Jede meiner Zimmergenossinnen hatte selbst ihre Sorgen, und auch nicht alle hatten es in ihren Tagesquartieren so gut angetroffen wie ich.

So früh wie möglich machte ich mich jeden Morgen auf den Weg zu meiner Pflegefamilie, die mich immer wieder herzlich begrüßte und mich mit in ihren Tagesablauf einbezog.

Auch die Schwester des Hausherrn, die mit ihrem 14jährigen Sohn namens Georg im gleichen Haus eine Wohnung bewohnte, war mir bald eine mütterliche Freundin. Ihr Mann war als Soldat eingezogen und kämpfte wohl ebenfalls an vorderster Front für unseren Führer.

Wie naiv und verblendet musste man sein, um auch noch in diesen Tagen an alles zu glauben, nur nicht an einen verlorenen Krieg! Und das trotz der allgegenwärtigen Besatzungssituation. An Nachschub mangelte es denen nicht, ständig rückten neue Truppen vor. Die zogen nach kurzer Rast auf diesem Stützpunkt weiter gen Osten, wo sie später mit den verbündeten Russen zusammentreffen sollten.

15) Ein guter Tausch?

Und dann eines Morgens, als ich wieder erwartungsfroh bei „meiner" Familie erschien, hatte man ihnen das Haus beschlagnahmt. Etwas Zeit, für die nötigsten Sachen zu packen, wurde ihnen noch zugestanden. Aber wo sollte man hin?

Das sogenannte Gesindehaus, zurückliegend im Garten und mit drei Zimmern, Küche und Toilette ausgestattet, stand nicht zur Verfügung, da dort eine Familie aus dem Osten eine vorübergehende Bleibe gefunden hatte, die irgendwann zu ihren Verwandten ins Saarland weiterflüchten wollten.

So wurde ein Sägewerk außerhalb des Ortes, das sich im Besitz meiner Gasteltern befand, nun zu deren neuer Unterkunft. Hier gab es die Möglichkeit für sie, in einer kleinen Küche zu kochen und in einigen Räumen zu übernachten.

Vorgesehen waren diese Schlafstellen ursprünglich für Holzarbeiter, die von außerhalb kamen und sich bei viel anfallender Arbeit den weiten Weg nachhause bisweilen ersparten. Aber die benötigten die Quartiere zurzeit sowieso nicht, waren ja schließlich alle zur Wehrmacht eingezogen worden.

Alles verlief noch in vollkommen ungeordneten Bahnen. Das Sägewerk ruhte. Alle Menschen hatten mit sich selbst zu tun, um ihr Leben wieder notdürftig in den Griff zu bekommen.

Für uns Lagerkinder war es leicht, auf den nicht mehr stattfindenden Schulunterricht zu verzichten. Erika und Georg hatten schulfrei. So dass wir den Tag – von etwas Hilfe im Haushalt abgesehen – nach eigenem Gusto verbringen konnten.

Für den morgendlichen Weg zum Sägewerk und die Heimkehr zum Lager brauchte ich jeweils länger, und so machte ich mich zumeist am späten Nachmittag auf den Rückweg, um die Ausgangssperre nicht zu überschreiten.

Bei einer solchen Rückkehr ins Lager beobachtete ich amerikanische Soldaten im Garten eines der besetzten Häuser. Sie trugen übergroße Handschuhe, mit denen sie versuchten, einen Ball abzufangen, den ein Gegner mit einem Schlagstock fortschlug. Neugierig blieb ich stehen. Ihr fröhliches Lachen und die Zurufe beim Spiel irritierten mich.

Das waren also unsere Feinde, die ich eigentlich überhaupt nicht leiden konnte. Die spielten dort in guter Laune und mit Eifer, was mich berührte. Mir waren schon häufiger Zweifel gekommen, ob diese Menschen so grausam sein konnten, wie man es uns immer durch die Propaganda vermittelt hatte. Davon konnte hier bei Sport und Spiel nun wirklich keine Rede sein.

Bisher hatten sie meine feindseligen Blicke stets mit einem milden Lächeln erwidert, oder einer der dunkelhäutigen Soldaten rollte schon einmal mit seinen großen Augen, was ich dann zunächst gleich wieder als eine Bedrohung empfand, aber bald merkte, dass es nur im Scherz war.

Und heute, als ich ihnen beim Spiel etwas länger zusah, rauschte plötzlich ein Ball an meinem Kopf vorbei. Ich beeilte mich, ihn aufzuheben, und als ich mich umsah, bemerkte ich die freundlich-erwartungsvollen Blicke eines der Soldaten, der jenseits des Zauns auf die Herausgabe des Balls wartete.

Nun war ich plötzlich auf Tuchfühlung mit einem dieser Menschen. Die waren in Besitz von Schokolade und Kaugummi. Das war uns bekannt, und spontan deutete ich auf meine kleine Umhängetasche, in der ich meine nötigsten Utensilien für den Tagesablauf mitführte, um ihm in deutscher Sprache ein Angebot zuzurufen, was er aber nicht verstand. Na gut, ich hatte schließlich zwei Jahre Englischunterricht erhalten und würde mich verständigen können.

So nestelte ich ein kleines, silbernes Taschenmesser hervor, um ihm in – fast – perfektem Englisch klarzumachen, dass ich es gerne gegen Schokolade eintauschen würde.

Verblüfft über meine Sprachkenntnisse meinte er, mich nun ausfragen zu müssen, was mir so gar nicht gefiel. Seine Kameraden forderten ihn indes lautstark zum Weiterspielen auf, was er aber weitgehend ignorierte. Zunächst gab er ihnen lediglich den Ball zurück.

Mit dem Hinweis, ich möge warten, nahm er das Messer aus meiner ausgestreckten Hand und verschwand damit im Haus. Ungeduldig wartete ich auf seine Rückkehr. Schließlich war ich das Messer als meinen wertvollsten Besitz erst einmal los, und was nun kam, das wusste ich nicht.

Schließlich kehrte er zu mir an den Zaun zurück, drückte mir einen Riegel Schokolade in die Hand und rief überschwänglich: „Thank you for the knife – Besten Dank für das Messer." Der wusste, dass er einen guten Tausch gemacht hatte ...

Ich hingegen hatte etwas mehr erwartet, etwas mehr an Schokolade, aber das getraute ich mich nun nicht mehr zu äußern. Die Kontaktaufnahme und Verhandlung mit dem Feind waren mir doch schon schwer genug gefallen.

Nun begab ich mich auf den Weiterweg ins Lager, das gar nicht mehr so fern lag. Dennoch fern genug um nachzudenken. Natürlich wollte ich die Kostbarkeit mit meinen Zimmergenossinnen teilen. Aber es kamen mir Zweifel, vielleicht auch eher praktische Erwägungen: Was sollte es nutzen, wenn jede von uns nur ein kleines Stück bekam? Meine Skrupel waren bald verflogen. Ich machte Rast in einer Hausnische und ließ mir die lang entbehrte Süßigkeit richtig gut schmecken.

Nach dem Genuss kam die Reue. Hatte ich doch das schöne Taschenmesser, das mir meine Eltern beim damaligen Abschied so liebevoll mitgegeben hatten, nun einfach aus meiner Gier nach Schokolade diesem Amerikaner überlassen, dazu noch deutlich unter Wert.

Das endete in großem Heimweh. Da standen die Bedenken, dass ich nicht mit meinen Kameradinnen geteilt hatte, weit hinter zurück.

16) Kapitulation

Die Gedanken an Zuhause waren allgegenwärtig. Am Tag war ich ja weitgehend abgelenkt. Aber am Abend vor dem Einschlafen quälten sie mich im Übermaß. Wie lange schon hatte ich auf ein Lebenszeichen gehofft, aber immer wieder vergebens.

Und dann am 8. Mai 1945 war der Krieg beendet. Deutschland hatte kapituliert.

Das traf uns tief. Nachdem die Nachricht vom Tode unseres Führers Adolf Hitler uns bereits Tage zuvor mit blankem Entsetzen erfüllt hatte, schienen wir nun auf dem absoluten Tiefpunkt angelangt.

Gewiss, die Amerikaner waren schon seit Wochen präsent, und doch hatten wir immer – im Vertrauen auf die lange angekündigten Wunderwaffen, die den Feind zum Rückzug zwingen würden, geglaubt, ein Sieg könne uns doch noch gelingen. Wie die Wirklichkeit überall in Deutschland aussah, konnten wir uns in unserer Abgeschiedenheit gar nicht vorstellen.

Jetzt stellten sich urplötzlich andere Fragen. Nicht zuletzt diese: Welche Konsequenzen würde es für uns geben, bei der jahrelangen Hitlertreue, deren Spuren so leicht nicht zu verwischen waren?

Im Lager nahm mich Sigrid beiseite. Alle wollten nun so schnell wie möglich wieder in ihre Heimatstädte zurück, aber ohne die Einwilligung der Besatzungsmächte würde das überhaupt nicht machbar sein, von den Transportmöglichkeiten mal ganz abgesehen.

Sigrid fühlte sich an ihr damaliges Versprechen gebunden, das sie meinen Eltern gab, nämlich immer gut auf mich aufzupassen, und sah sich offenbar verpflichtet, besonders jetzt in der prekären Situation für mich verantwortlich zu sein.

Hatte sie doch in den Ferien bei uns gewohnt und meine Eltern dazu gedrängt, dass ich wieder mit zurück ins Lager fuhr - für mich als stolzes BDM-Mädel damals eine Selbstverständlichkeit. Doch sie fühlte sich mir gegenüber offenbar in der Pflicht.

So machte sie mir den Vorschlag, mich in ihre Heimatstadt Erfurt zu ihrer Familie mitzunehmen, wo ich so lange bleiben könnte, bis sich die Möglichkeit ergab, wieder nach Hause zurückzukehren. Auf ihr wohl gut gemeintes Angebot, bei der Auflösung des Lagers mit zu ihr zu gehen, wollte ich dennoch verzichten.

Ich sorgte mich um meine Eltern, und die Ungewissheit über das Schicksal meiner Familie konnte ich nicht durch ein Verbleiben in Thüringen verlängern. Irgendwann musste es doch auch für uns hier ein Ende geben.

Trotz meiner Sorgen verspürte ich aber auch wieder eine gewisse Freiheit, insbesondere bei meinen täglichen Ausflügen ins Sägewerk, ein Gefühl, das ich nur als Kind von zu Hause her kannte.

Kein Weckruf mit Trillerpfeife, kein morgendliches Aufmarschieren vor der Hitlerfahne und – bis auf diese grausige Vorführung des KZ-Films – auch keine der befürchteten Bestrafungen vonseiten der Amerikaner. So wartete ich eigentlich nur noch auf die Rückkehr in die Heimat, die aber weiterhin im Ungewissen blieb.

17) Nahe am Feind

Eines schönen Tages überraschte mich meine Gastfamilie mit der Nachricht, man dürfe zurück – vom Sägewerk wieder zurück zu den Wohngebäuden, allerdings nur ins Gesindehaus. Ihr Wohnhaus blieb beschlagnahmt.

Die saarländische Familie, die bis dato das Gesindehaus bewohnte, hatte sich einem durchziehenden Treck angeschlossen, der wohl Richtung Westen in ihre Heimat zog.

Jetzt waren wir so richtig nahe am Feind, nämlich auf einem Grundstück mit ihnen. Das Erdgeschoss hatten die Besatzer umfunktioniert in eine Behandlungsstation für ambulante Krankenhilfe.

Zaghaft wagten wir Kinder uns in den angrenzenden großen Garten, um ihnen neugierig bei ihren Freizeitaktivitäten zuzuschauen, wie sie sich auch hier Ball spielend oder lautstark auf einer Mundharmonika musizierend die Zeit vertrieben.

Mir fiel auf, dass es zumeist deutsche Lieder waren, die sie – für meine Ohren nicht immer klangvoll – erschallen ließen.

Es waren viele Afroamerikaner unter ihnen, uns bislang nur unter der Bezeichnung „Neger" bekannt. Die gehörten doch zu denen, deren Rassen als minderwertig bezeichnet wurden und von denen uns Adolf Hitler immer befreien wollte.

Doch nun flößten sie uns größten Respekt ein. Sie erschienen so groß und stark, und doch, wenn sie uns bemerkten, winkten und lachten sie freundlich, so dass wir bald unsere Scheu überwanden und uns ihnen näherten. Vielleicht mochten sie uns, vielleicht amüsierten sie sich aber auch nur über uns kleine deutsche Kinder.

Das war uns dann doch vollkommen egal, und auf Drängen meiner Spielkameraden überwand ich meinen noch immer vorhandenen „Feindeshass" soweit, dass ich sie im besten Englisch nach dem begehrten Kaugummi fragte.

Jeder von uns bekam auch prompt ein Päckchen zugesteckt, was bei mir ein Schamgefühl auslöste. Da hatte mir ein Feind, noch dazu ein „Schwarzer", etwas geschenkt, wofür ich mich nun verlegen bedankte. Dem musste ich aber nicht wie Tage zuvor dem weißen Amerikaner mein Taschenmesser geben, um eine Süßigkeit zu bekommen.

Ihre zweifelhaften musikalischen Darbietungen auf den Mundharmonikas brachten mich auf die Idee, sie einmal in besonders gute Stimmung zu versetzen – mit den Klängen eines richtig großen Instruments, nämlich meines Akkordeons.

Hatten wir doch damals in den ersten Wochen unserer Lagerzeit zwei dieser Instrumente von der Gauleitung für den Musikunterricht zugeteilt bekommen. Da keiner von uns sie spielen konnte, hatte Sigrid damals Folgendes angeordnet: Wer es zuerst schaffte, eine Melodie einigermaßen erkennbar darauf zu musizieren, dürfe in Zukunft über das Instrument verfügen und müsse es nur den Gefährtinnen auf Wunsch und bei Interesse mal ausleihen.

Längst nicht alle interessierten sich. Ich jedoch war von Beginn an Feuer und Flamme gewesen. Viel Zeit zum Üben war uns nicht geblieben, und stören durfte man auch niemanden. So hatte ich, wenn meine Zimmergenossinnen anderwärtig die knappe Freizeit verbrachten, fleißig auf unserer Stube geübt.

Bald schon konnte ich ohne Noten das damals bekannte Lied „Die kleine Schaffnerin" spielen, zu dem viel Fingerfertigkeit gehörte. Fast einwandfrei brachte ich es seitdem zu Gehör.

Alle möglichen Volkslieder, die ich von früher her kannte oder die wir im Musikunterricht erlernt hatten, gehörten inzwischen zu meinem Repertoire. Heute also eine gute Möglichkeit, sie ebenfalls den Amerikanern einmal nahezubringen.

Mit dem Akkordeon im zugehörigen Koffer machte ich mich an einem sonnigen Maimorgen auf meinen gewohnten Weg: vom Lager aus zur Gastfamilie.

Wie schon so oft in letzter Zeit begegneten mir Familien, die auf kleinen Handwägelchen durch die Straße zogen, die sie mit ihren Habseligkeiten beladen hatten – und ganz offenkundig ging die Reise immer in Richtung Westen.

Die Gerüchte, dass bald die Russen in unserer Region die Amerikaner ablösen würden, behagten uns überhaupt nicht, sondern bereiteten ernsthafte Sorgen. Mit der aktuellen Situation konnte man sich wenigstens so einigermaßen arrangieren. Da gab es die Ausgangsverbote in der Nacht und die beschlagnahmten Häuser, doch ansonsten hatten wir vonseiten unserer jetzigen Besatzer nichts zu befürchten.

So konnte man es auch einmal wagen, sie durch Musik gewogen zu stimmen, um mit ihnen ins Gespräch zu kommen und etwas über unsere Zukunft herauszukriegen.

Obwohl ich sie gefühlt immer noch als Feinde Deutschlands betrachtete, wollte ich zugunsten meiner Gasteltern, die doch so gerne wissen wollten, wie es denn weiterginge, in den sauren Apfel beißen und den Kontakt aufnehmen.

Schon der Anblick meines mitgeführten Instrumentenkoffers erregte ihre Aufmerksamkeit, als ich den Hof betrat. Das nahm ich zufrieden zur Kenntnis.

Zunächst einmal verschwand ich damit aber zu meiner Gastfamilie ins Gesindehaus. Die äußerten die größte Befürchtung, man würde mir mein Akkordeon nur abnehmen und es auf Nimmerwiedersehen verschwinden lassen. Auf diesen Gedanken war ich noch gar nicht gekommen, aber die mochten ja recht haben.

Deshalb wagte ich mich nicht mehr nach draußen, aber Erika und Georg erkundeten die Situation. Draußen ging es nämlich lebhaft zu, da schon in den Vormittagsstunden einige Soldaten lautstark ihren Freizeitvergnügungen nachgingen.

Plötzlich kamen meine Spielgefährten mit einem von ihnen zurück, der mich freundlich aufforderte, mit ihm und seinen Kameraden zu musizieren.

So hatte ich es mir doch vorgestellt, und soweit lief es nach Plan. Es gab schließlich auch kein Zurück mehr. Das Akkordeon vor den Bauch geschnallt spazierte ich mit nach draußen, um bald – begleitet von mehreren Mundharmoniken deutsche Lieder zu spielen.

Da ich ja ausschließlich meine mir vertrauten Melodien anstimmte, taten sie ihr Bestes, mir in der richtigen Tonlage zu folgen, was ihnen immerhin ganz gut gelang.

Sie waren auch ganz bei der Sache. In große Begeisterung versetzte sie das Loreleylied und „Ich hab mein Herz in Heidelberg verloren". Das schienen ihnen offenbar wohlbekannte Weisen zu sein. Gerne hätte ich auch mal unsere Nationalhymne zu Gehör gebracht, aber ich konnte mir denken: Das wäre etwas daneben gewesen.

Angelockt von so viel klangvoller Stimmung, wagten sich dann auch etwas schüchtern meine Gasteltern unter die Zuhörer. Doch so freundlich man zu uns Kindern auch war: Die Erwachsenen wurden immer ziemlich eisig behandelt. Da gab es keinen Anknüpfpunkt, um ihnen Fragen zu stellen.

Mich belohnte man anschließend mit viel Beifall und der Aufforderung, ein Gefäß beizubringen. Die große Kanne, die mir die Gasteltern mitgaben, bekam ich zu meiner Überraschung statt mit einem Flüssigtrunk mit reinem Kakaopulver aufgefüllt, damals für uns eine Rarität und ein Luxus, der wochenlang unseren Bedarf an heißer Schokolade sicherstellte. Unsere Freude war riesengroß.

Wie gerne hätten meine Gasteltern mal im besetzten Haus nach dem Rechten geschaut. Doch hineinzukommen war für sie illusorisch. Die Familie rätselte: Was hatten die Leute vom Militär da wohl alles nach der Beschlagnahme angestellt und verändert? Vielleicht auch Dinge weggenommen oder kaputt gemacht.

Die Erwachsenen stifteten uns Kinder an, mal wie angelegentlich bei unserem Spiel bis in die besetzte Wohnung zu gelangen, um nachzusehen, ob es im Haus zu Beschädigungen ihres Mobiliars gekommen sei. So wagten wir uns zur offenstehenden Haustüre vor, wurden dort aber gleich abgefangen und natürlich nicht hereingelassen.

Aber schneller als gedacht sollten wir es doch noch in Augenschein nehmen können, weil uns ein Zufall zu Hilfe kam:

Erika hatte sich beim Spielen an den Scherben einer herunter-
gefallenen Trinkflasche erhebliche Schnittwunden zugezo-
gen.

Ihre Handflächen bluteten stark, und nach einer provisori-
schen Erstbehandlung durch ihre Mutter – mit einem Hand-
tuch - beschlossen wir, damit die amerikanische Krankensta-
tion im Haus aufzusuchen und dabei die Augen offen zu halten, um nachzuschauen, wie es im Inneren wohl inzwischen
aussah. Da Erwachsene nicht willkommen waren, begleitete
ich meine vor sich hin weinende Freundin dorthin.

Mitleidvoll wurden wir von der Wache eingelassen, und
zwei dunkelhäutige Sanitäter bemühten sich, die Blutung zu
stillen und mit einer Pinzette vorsichtig letzte kleine Glas-
splitter zu entfernen, um anschließend einen fachmännischen
Verband anzulegen.

Derweil ließ ich neugierig die Blicke schweifen, um die
mir vertraute Umgebung nach Veränderungen abzusuchen.
Man hatte wohl verschiedene Möbel beiseite geräumt, um für
einen Behandlungstisch und eine Liege Platz zu schaffen.
Dazu lagerten zahlreiche für erste Hilfe benötigte Utensilien
sowie Medikamente gut sortiert in von ihnen neu aufgestell-
ten Regalen. Sichtbare Beschädigungen an Möbeln konnte ich

dabei nicht feststellen. Sogar die Bilder an den Wänden hingen nach wie vor, erschienen nun aber völlig deplatziert durch die Umgestaltung in ein provisorisches Behandlungszimmer.

Dies war zwar nur ein kleiner Einblick, den wir nehmen konnten, aber große Sorgen über eventuelle Beschädigungen am Mobiliar oder gar Vandalismus brauchte man sich wohl keine mehr zu machen.

Erika hatte man mit ihrer Verletzung bestens versorgt und uns beide mit je einem Päckchen des begehrten Kaugummis als „Trostpflaster" entlassen.

18) Kutschfahrt durch die Wälder

In einem weiter entfernten „Nachbardorf" wohnten die nächsten Verwandten meiner Gasteltern. Die Telefonleitungen waren schon lange nicht mehr benutzbar, und so wusste man gar nicht, wie sie das Kriegsende überstanden hatten.

Die amerikanischen Besatzer tolerierten offensichtlich die durchs Land ziehenden Flüchtlingsgruppen. Das waren zum

Teil Bewohner aus weiter östlichen Gebieten, deren Ländereien die Russen beschlagnahmt hatten. Die Leute selbst waren rachsüchtig vertrieben worden. Aber es gab auch viele darunter, die wie wir Schutz auf dem Land gesucht hatten und die es nun wieder in ihre Heimat zurückzog.

Sie alle waren so in Angst vor den nachrückenden Russen, dass sie die beschwerlichen Fußwanderungen notgedrungen in Kauf nahmen. Glücklich diejenigen unter ihnen, die noch ihr Gepäck und Teile ihres Hausrats auf einem Ziehwagen mit sich führen konnten.

Eine Kutsche, die im großräumigen Sägewerk gut versteckt das Kriegsende überdauert hatte, wurde reisefertig gemacht, zwei betriebseigene Pferde vorgespannt, und dann gehörten auch wir zu den Umherziehenden, jedoch so gesehen mit einem gewissen Luxus und auch nur für einen Tagesausflug.

Wer besaß schon einen Landauer mit zwei starken Gäulen auf seiner Reise durch ein zusammengebrochenes Land?

Der große Treck zog gen Westen. Da wir aber ein festes Ziel im Norden des Landes aufzusuchen hatten, befanden wir uns auf einer ziemlich einsamen Fahrtstrecke durch einen dunklen Tannenwald. Wirklich sicher fühlten wir uns nicht. Irgendwelche Wegelagerer warteten vielleicht schon hinter der nächsten Wegbiegung, um Kutsche und Pferde an sich zu bringen.

Auf unserer Fahrt holten wir eine kleine Familie – Mutter mit zwei Kindern und den Großeltern – ein, die sich müde und schwerfällig vorwärtsbewegten. Die hatten ein Fahrrad dabei, mit an kurzen Seilen verknotetem Essgeschirr, sowie einen Kinderwagen, vollgepackt mit Kleidung und Bettwäsche.

Sie erzählten, dass sie schon tagelang unterwegs seien und inzwischen ihrem Ziel schon recht nahegekommen waren: einer kleinen thüringischen Stadt, wo sich die zerstreute Familie nach Kriegsende treffen wollte. Manche kühle Nacht hatten sie im Heuschober bei den Bauern verbracht, die ihnen Nahrung und Verpflegung für die Weiterreise gegeben hatten, was sie dankbar berichteten.

Georg, Erika und ich hatten auszusteigen, um der Großmutter und den Kindern unsere Plätze in der Kutsche zu überlassen, was wir auch bereitwillig befolgten. Unser Gefährt war nun ziemlich beladen, da auch noch einige Gepäckstücke den Kinderwagen entlasteten.

Georgs Mutter passte so gerade noch in den Fahrgastraum der Kutsche, zusammen mit der müden Großmutter und ihren Enkeln, während Herr Nonn mit seiner Frau auf dem Kutschbock saß und die Pferde zu einer gemächlicheren Gangart veranlasste.

Erika und ich mussten den Kinderwagen schieben, während Georg mit zwei Regenschirmen, die ebenfalls zur Ausstattung zählten, drohend in alle Himmelsrichtungen fuchtelte, um damit, wie er lachend sagte, „Feinde abzuwehren".

Für unsere Mitreisenden hatte es sich gelohnt, auf uns zu treffen. Sie konnten noch etliche Kilometer von der Mitfahrgelegenheit profitieren, da wir auch in ihre Richtung fahren mussten. Schließlich hielten wir irgendwo an einer Wegkreuzung an, und sie verabschiedeten sich von uns mit vielen Dankesworten, bevor sie ihrer eigenen Wege weiterzogen.

Auch wir hatten von hier aus bald unser Ziel erreicht. Der Verwandtschaft ging es soweit gut, wie sich herausstellte, nur – wie so viele Menschen in der damaligen Zeit – warteten sie sorgenvoll auf ein Familienmitglied, einen noch nicht heimgekehrten Kriegssoldaten, von dem sie hofften, dass er überlebt hatte und - günstigstenfalls - unversehrt in Gefangenschaft geraten war. Es gab so viel zu erzählen, und doch mussten wir nach ein paar Stunden die Rückreise antreten, um vor dem Abend wieder im sicheren Zuhause zu sein.

Bei dieser Fahrt begegneten wir ebenfalls einigen Durchreisenden, die uns teils mürrisch grüßten, aber auch manche, die uns neidlos mit freundlichen Zurufen eine gute Fahrt wünschten.

Am Abend im Lager hatte ich viele Zuhörerinnen, denen ich von meiner abenteuerlichen Reise berichten konnte.

19) In Auflösung begriffen

Es gab neuerdings vielfältige Spekulationen und Prognosen. Bei einer Konferenz der Siegermächte in Jalta auf der Krim hatte man die Aufteilung Deutschlands beschlossen.

Aber wer bekam was? Alle fürchteten sich vor den Russen. Man hatte bereits so viel Schreckliches gehört, wie sie die Bevölkerung in den von ihnen eroberten Gebieten drangsalierten oder gar ganz vertrieben.

Ein Offizier, der jeden Tag im Sanitätshaus nach dem Rechten sah, müsste doch wissen, was man mit uns vorhatte, sagten wir uns. Da waren mal wieder meine Englischkenntnisse gefragt. Wir Kinder lauerten ihm gemeinsam auf, nahmen unseren Mut zusammen, und dann standen wir vor ihm. Er war groß und beeindruckend, in Uniform, über der er einen langen Ledermantel offen trug, zudem eine imponierende Offiziersmütze auf dem Kopf.

Ich stand da mit zitternden Knien. Wo waren alle meine vorher gut überlegten Fragen geblieben, die ich ihm stellen wollte? Und dann stammelte ich in meinem bestmöglichen Schulenglisch nur die beiden Fragen, wie lange sie noch als Besatzer hierbleiben wollten, und wann die Familie Nonn denn wieder in ihr eigenes Haus einziehen dürfe.

Er schaute sehr streng zu mir herab. War ich zu vorlaut gewesen? Aber dann meinte er lachend in deutscher Sprache, dass wir uns da noch sehr gedulden müssten. Das waren nun wirklich keine befriedigenden Auskünfte.

Na ja, beklagen konnten wir uns nicht. Wie rachsüchtige Sieger benahmen sie sich – besonders uns Kindern gegenüber – wirklich nicht. Wie oft steckten sie uns einen Riegel Scho-

kolade oder gar ein Glas Erdnussbutter zu. Das war ein Brot-
aufstrich, der neu für mich war und mir ganz besonders gut
schmeckte.

Trotzdem hielt sich meine Begeisterung für die Amerikaner in Grenzen, zu tief saß der Stachel, den man uns jahrelang
mit Erfolg eingepflanzt hatte, die stete Indoktrination, die
Feindseligkeit und Hass heraufbeschwor. Mit unserem Führer
diesen Krieg zu gewinnen, war immer unser größter Wunsch
gewesen, und so sahen wir nun alle unsere Zukunftspläne
durchkreuzt.

Wie enttäuscht mussten auch meine Lieben daheim sein.
Obwohl ich schon sehr lange nichts mehr von ihnen gehört
hatte, glaubte ich fest daran, dass sie in ihrem sicheren Keller,
sämtliche weiteren Bombenangriffe, aber auch alle anderen
Gefahren überlebt hatten. War es wirklich meine Überzeugung, oder verdrängte ich nicht nur die unerträglichen Gedanken, was ihnen alles bei Besorgungen und anderen Tätigkeiten außerhalb des Hauses hätte geschehen können?

Vater, der ja nicht als Soldat eingezogen war, sondern
„nur" als Schanzenarbeiter zur Sicherung der Westgrenze,
müsste doch schon längst wieder heimgekehrt sein, um sich
um alles zu kümmern. Dieser Glaube gab mir den Trost, den

ich am Abend vor dem Einschlafen auch so dringend nötig hatte.

Von Kusine Helma, deren Lager etwas außerhalb des Ortes lag, die aber auch tagsüber bei Privatleuten untergekommen war, hörte ich so gut wie gar nichts mehr.

Letztendlich hatte jeder in dieser Zeit mit sich selbst zu tun, obwohl ich mir bei meinem allabendlichen Heimweh ihren familiären Beistand oft gewünscht hätte – und sei es nur, um Überlegungen auszutauschen, wie wir irgendwann endlich mal wieder nach Hause zurückgelangen sollten. Für sie fand sich allerdings ganz plötzlich eine Lösung. Aber was für eine?

Der Vater einer ihrer Zimmerkameradinnen hatte die weite Wegstrecke mit einem Fahrrad in einer tagelangen Fahrt bewältigt, um seine Tochter zurückzuholen. Helma konnte seinem gut gemeinten Angebot mitzukommen nicht widerstehen.

So stand sie an einem Morgen, kurz bevor ich mich zu meinem schon alltäglichen Ausgang vorbereitete, bei mir im Lager, um zu fragen, ob auch ich mitkommen wolle. Der Vater ihrer Freundin sei einverstanden. Jeder dürfe aber nur das Allernotwendigste mitnehmen, da als Transportmittel lediglich das Fahrrad zur Verfügung stehe. Den gesamten Heimweg hätten wir zu Fuß zu bewältigen. Sigrid und auch die Lagerleitung rieten mir dringend ab, diese abenteuerliche Reise mitzumachen, und mein Mut reichte wirklich nicht aus, so gerne ich auch mitgegangen wäre, nur um endlich nach Hause zu kommen.

Weinend nahm ich Abschied von meiner Kusine. Wenn wir uns auch selten gesehen hatten, so war mit ihr ja stets ein Familienmitglied in unmittelbarer Nähe gewesen, was mir immer einen gewissen Rückhalt gegeben hatte. Was wir Zurückbleibenden aber zu diesem Zeitpunkt noch nicht wissen konnten, war, dass unsere Zeit im Lager ebenfalls nur noch von sehr kurzer Dauer sein sollte.

In meiner Heimatstadt war bekannt geworden, dass Thüringen mit zu den Regionen gehörte, die bald zur russischen Besatzungszone erklärt würden. Der neue Oberbürgermeister unserer Stadt, ein von den Nazis politisch Verfolgter, den man nach Kriegsende eingesetzt hatte, sah die Dringlichkeit, uns Solinger Schüler vor der Übernahme durch die Russen in Windeseile nach Hause zu holen.

Die Sowjets waren bekannt für ihr besonders rücksichtsloses Verhalten gegenüber der deutschen Bevölkerung, und wer weiß, wie sie uns als bedingungslos auf Hitler eingeschworene Jugend noch zur Rechenschaft ziehen würden, ganz im Gegensatz zu den Amerikanern. Die hatten wir zwar auch in den ersten Wochen durch die nicht genehmigten Nahrungszuteilungen in schlechter Erinnerung. Deren weiteres Verhalten - insbesondere uns Kindern gegenüber – konnte man in Folge jedoch als sehr human bezeichnen.

Am frühen Morgen eines Junitags hörten wir plötzlich lautes Stimmgewirr im Flur, die Tür zu unserem Zimmer wurde stürmisch aufgerissen, und der Ruf erschallte: „Ihr werdet nach Solingen zurückgeholt."

Unsere Betreuerinnen scheuchten uns, die wir noch etwas schlaftrunken und verdattert waren, aus den Betten hoch. Jetzt war Eile angesagt.

Wir konnten es kaum glauben. Wann und wie sollte das geschehen, diese Rückkehr? Zur näheren Auskunft hatten wir uns im Speisesaal einzufinden. Die Aufregung war riesengroß, aber auch die Freude und Erwartung. Endlich nach so langer Zeit wieder nach Hause zurück!

Ein Reisebus und ein Lastwagen standen zur Verfügung. Mit dem Gepäck sollte aber große Zurückhaltung geübt werden, wurde uns erklärt, der Lastwagen sei sonst zu rasch überladen.

Da sowohl das Akkordeon als auch ein paar Skier in meinen Besitz übergegangen waren, lag die Entscheidung nun bei mir: Akkordeon oder Skier? Beides ging nicht. Auf mein geliebtes Musikinstrument wollte ich auf keinen Fall verzichten. Schweren Herzens trennte ich mich von den Skiern, die ich einer der Mitschülerinnen überließ, die im Lager vorläufig noch verbleiben mussten, bis auch sie - hoffentlich noch rechtzeitig – zurückgeholt würden. Es handelte sich bei den Zurückbleibenden um die Gruppe aus dem Saarland, die im Herbst 44 bei uns Aufnahme gefunden hatte.

Noch vor dem Kofferpacken beeilte ich mich, zu meinen Gasteltern zu kommen, um ihnen meine freudige Nachricht zu überbringen. Es galt Abschied zu nehmen von einer großherzigen Familie, die mir über die vielen Wochen hinweg eine liebevolle Bleibe geboten hatte, für die ich bis heute noch eine große Dankbarkeit empfinde. Leider blieb der Kontakt in den darauffolgenden Jahren nur noch brieflich erhalten.

Etwa 12 Jahre später besuchte mich Erika allerdings bei mir in Solingen, nachdem sie und Georg in zwei verschiedenen Städten Westdeutschlands ein neues Zuhause gefunden hatten.

Als junge Menschen waren sie mit den kommunistischen Zwangsmethoden nicht zurechtgekommen, und so hatten sie sich noch rechtzeitig von dort abgesetzt. Aber ihre Eltern waren daheimgeblieben.

Sobald ich ihnen damals Adieu gesagt hatte und wieder ins Lager kam, ging es ans Kofferpacken. Bilder von Erika und Georg nahm ich mit, die ich beim Abschiednehmen mit ihnen ausgetauscht hatte. Vorsichtig verstaute ich im Handgepäck auch einige Gläser Erdnussbutter, die von den Hausbesetzern großzügig an die Familie verschenkt worden waren und die man mir nun als kleinen Trost für den Abschiedsschmerz mitgegeben hatte.

Abends galt es, früh ins Bett zu gehen, denn die Abreise würde morgens um 6 Uhr in der Frühe beginnen – gleich nach der Aufhebung der Ausgangssperre.

Sigrid verabschiedete sich mit vielen Umarmungen von ihrer Truppe. Die lange Lagerzeit hatte uns in guten wie in schlechten Tagen zu einer Gemeinschaft zusammengeschweißt. Uschi hatte uns bereits früher verlassen, so dass zum Schluss - neben unseren Lehrern – nur noch Sigrid als Ansprechpartnerin für uns da war.

Die Lagermädel-Führerinnen, die uns gemäß der nationalsozialistischen Gesinnung zu formen und zu beeinflussen hatten und dieser Aufgabe auch nachgekommen waren, ließ man seinerzeit vor Ort meines Wissens nach unbehelligt. Wie es beiden aber nach ihrer eigenen Heimkehr ergangen war, entzog sich lange meiner Kenntnis. Erst später erhielt ich einmal eine ganz muntere und humorvolle Grußkarte von Sigrid und war dann erleichtert, dass es ihr offenbar gut ging.

20) Rückkehr von Thüringen

Nun erwarteten wir gemeinsam mit unserer Lehrerschaft die Abfahrt in unsere weit entfernte Heimat. Und endlich ging es los! Unbeschreiblich unsere Freude, in einem sicheren

Transportmittel zu sitzen, das uns endlich nach Hause bringen würde.

Aber: Gab es dieses Zuhause überhaupt noch? Vater, Mutter, Großmütterchen, meine früheren Spielkameraden und Nachbarn? Ich hatte doch so lange nichts mehr von ihnen gehört ... Dass wir eine von massiven Bombenangriffen getroffene und zum Großteil zerstörte Stadt vorfinden würden, darauf waren wir vorbereitet.

Auf unserer Reise waren die Straßen in einem desolaten Zustand. Dafür hatten schon die vielen Panzerfahrzeuge bei dem Vorstoß in unser Land gesorgt, wobei natürlich keine Rücksicht auf die Asphaltdecke genommen werden konnte. Bereits im nächsten Dorf endete unsere mit so viel Enthusiasmus begonnene Reise zunächst einmal fürs Erste: Eine Reifenpanne gab es zu reparieren.

Ungeduldig umkreisten wir den Bus, während eifrige Helfer mit der Reparatur beschäftigt waren. Schließlich und endlich ging es weiter. Wir nahmen unsere Plätze wieder ein und hofften inständig, von weiteren Pannen und Fahrtunterbrechungen verschont zu bleiben, um unsere Heimatstadt auch irgendwann einmal zu erreichen.

Vorbei ging die Fahrt an Menschen auf der Flucht, die, wenn sie zu Fuß gehen mussten, häufig Bollerwagen mit sich zogen und Kinderwagen vor sich herschoben. Mit all ihren Habseligkeiten, die sie irgendwie noch mitnehmen konnten, strebten sie gen Westen.

War meine Kusine Helma unter ihnen? Krampfhaft hielt ich Ausschau nach ihr. Ob sie und ihre Begleitung wohl dieselben Straßen benutzten, die unser Bus befuhr?

Da hatte ich noch einmal großes Glück gehabt, mich zum Abwarten entschieden zu haben, trotz all der Ungewissheit, ob man vor der Übernahme der Sowjets noch wegkommen würde. Übermüdet von der fast schlaflosen letzten Nacht fielen mir die Augen zu.

Wach wurde ich erst durch lautes Stimmengewirr. Wir hatten das britische Kontrollgebiet erreicht. Man nahm Einsicht in die Ausreisegenehmigung. Die war bereits vorher einmal flüchtig von einer amerikanischen Jeep-Streife kontrolliert worden, bei der Durchfahrt einer stark zerbombten größeren Stadt.

Die Briten nahmen es jetzt genauer. Arrogant durchstreiften sie den Bus, sahen uns mit strenger Miene an, überprüften vorgelegte Papiere sehr genau.

„Vielleicht ist denen bereits bekannt, welcher Art von ehemaliger Nazitruppe sie nun Einlass gewähren müssen", ging es mir durch den Kopf. Ich fühlte mich durch ihr Verhalten beklommen.

Da erschien mir der Gegensatz zu den Amerikanern doch sehr krass. Obwohl auch sie in meiner Gedankenwelt nach wie vor noch unsere Feinde blieben, die meine schönen Träume von einer hehren Zukunft zerstört hatten, so waren sie mir mit ihren großzügigen Gaben an Süßigkeiten und ihren lustigen Spielen im Park jetzt im Nachhinein in guter Erinnerung.

Weiter ging die Fahrt fast ohne Pause, hatte man uns doch die Hoffnung gemacht, am gleichen Tag unsere Heimatstadt zu erreichen, wenn alles reibungslos verlaufen würde.

Immer wieder versuchte ich die Augen zu schließen, nun nicht mehr vor Müdigkeit, sondern vor dem schrecklichen Bild der Zerstörungen, auch in kleineren Städten, die wir durchfahren mussten. Selbst vor strategisch weniger wichtigen Zielen hatte der Bombenkrieg gegen Ende hin nicht haltgemacht, solange keine Kapitulation erfolgte.

Inzwischen hatte man die Straßen, so gut es ging, wieder befahrbar gemacht. Langsam wurde es dunkel, zu dieser Jahreszeit erst gegen 10 Uhr abends. Mit der Bekanntgabe, bald zuhause anzukommen, stieg die Anspannung enorm.

Die Sperrzeit war längst überschritten, da durchfuhren wir unser schönes Nachbarstädtchen Burg an der Wupper, den idyllischen, historischen Ort, wohin ich als kleines Kind mit den Eltern im Sommer oft einen Sonntagsausflug gemacht hatte.

Ich drückte mir an der Scheibe die Nase platt, um in der Dämmerung auszumachen, ob man irgendwelche Beschädigungen an den heimeligen Fachwerkhäusern erkennen konnte. Ja, auch hier gab es Zerstörungen an Häusern, aber sie lagen nicht in Schutt und Asche.

Für kurze Zeit überwog die Zuversicht, dass auch zuhause nicht allzu viel Schaden entstanden sei, aber schon, als wir das Flusstal der Wupper durchfahren hatten und die Höhen unserer Stadtgrenze erreichten, bot sich ein jämmerliches Bild. Rechts und links der schnurgeraden Burger Landstraße reckten Bäume ihre kahlen, verbrannten Äste in den Nachthimmel.

Und was uns dann bei der Weiterfahrt vor Augen trat, war eine total zerstörte und zerbombte Stadt, die man wohl nach den schrecklichen Bombenangriffen im November 44 und im Januar 45 versuchte, neu aufzubauen. Doch davon war in dieser kurzen Zeitspanne und auch in den darauffolgenden Monaten nach Kriegsende noch nicht viel mehr als notdürftige Reparaturen und schnell errichtete provisorische Baracken zu sehen.

Unsere Fahrt endete vor dem immerhin ziemlich unbeschädigten Gebäude des Stadthauses. Dort warteten wir im Inneren, im Treppenhaus auf den Stufen hockend, sehnsüchtig auf den Morgen. Um 6 Uhr früh wurde es schon hell. Die Sperrzeit war aufgehoben. Da gab es kein Halten mehr für uns.

Mit dem Hinweis, dass der Lastwagen mit unserem Gepäck an anderer Stelle im Stadtgebiet entladen würde und unsere Eltern darüber noch Nachricht erhielten, verließen wir in kleinen Gruppen schleunigst diese unkomfortable Unterkunft im Treppenhaus. Wir machten uns nach dem Abschied von unseren treuen Wegbegleitern und Lehrkräften mit kleinem Handgepäck auf den Weg in die verschiedenen Stadtteile.

Ich erinnere mich nicht mehr, ob die Straßenbahn so früh am Morgen den Fahrbetrieb bereits aufgenommen hatte.

Schienen und Elektrizitätsstangen waren zwar erkennbar wiederhergestellt, aber wir sahen damals einfach keine Bahn kommen. So machten wir uns zu dritt auf den etwa fünf Kilometer langen Heimweg nach Solingen-Gräfrath – und das in sehr eiligen Schritten.

Müdigkeit verspürte ich nun überhaupt nicht mehr. Zu groß war die Erwartung auf daheim: Freude, aber auch gemischt mit Angst und Sorge, was uns wohl erwarten würde.

21) Zu Fuß durch die zerstörte Stadt

Der für uns kürzeste Weg führte über die Hauptstraße, auf der die Schienen der elektrischen Straßenbahn verliefen, die Strecke, die ich damals mit ganz anderen Gefühlen und Erwartungen zur Schule und zurück gefahren war.

Wie sah das nun hier aus? Überall blickte man auf Baracken, notdürftig aufgestellt für all die obdachlosen Menschen. Schwer beschädigte Häuser, von Bomben getroffen und ausgebrannt, daneben Berge von Trümmern, die von Helfern bereits so früh am Tag durchsucht und sortiert wurden. Sie klopften die Steine und bearbeiteten noch verwendbare Ziegel, um sie zum Wiederaufbau zu benutzen.

Plötzlich hörten wir hinter uns das wohlvertraute Bimmeln einer Straßenbahn. Eine Haltestelle war nicht in Sicht, und so rauschte sie an uns vorbei, obwohl wir winkend am Straßenrand standen und auf Mitfahrgelegenheit hofften.

Je weiter wir uns aus dem Gebiet der Solinger Innenstadt entfernten, desto weniger Zerstörungen gab es. Vereinzelte Einschüsse von Bombensplittern und Granatgeschützen sahen wir an Häusern und Mauern. Sie erinnerten sowohl an zurückliegende Luftangriffe als auch an die Straßenkämpfe der damals einrückenden Truppen.

Es schien, als hätte unser Stadtteil Gräfrath, den wir nun erreichten, diesen furchtbaren Krieg ohne größere Schäden überstanden.

An einer Wegkreuzung verabschiedete sich eine unserer Kameradinnen, um in ihr weiter abgelegenes Zuhause zu eilen. Wir wünschten ihr viel Glück und gingen zu zweit weiter.

Nach einer Straßenbiegung erblickte ich von Weitem dann mein Elternhaus. Nahezu unversehrt hatte es mit seiner kompakten Bauweise den Luftangriffen standgehalten, während von dem kleinen Schieferhaus gleich nebenan nur noch die Grundmauern zu erkennen waren.

Ohne mich nach meiner zweiten Begleiterin umzuschauen, die noch ein ganzes Stück zu gehen hatte, hastete ich, so schnell mich meine inzwischen doch sehr müden Beine trugen, vorwärts. Ich war am Ziel meiner Wünsche.

Da stand mein Elternhaus. Den Haupteingang fand ich verschlossen. Jetzt eiligst über den Hof, wo ich die Hintertür ebenfalls zugesperrt fand. Mein lautes Rufen nach Vater und Mutter hörte zunächst unsere Nachbarin aus dem Parterre und öffnete mir rasch.

Jetzt ging alles sehr schnell. Von all dem Lärm aufgeschreckt eilten etliche der Mitbewohner herbei, um mich freudig zu begrüßen. Und dann hatte ich nur noch Augen für meine Mutter, der ich weinend in die Arme fiel.

Aber was war mit ihr geschehen? Ein angelegter Mullverband im unteren Gesichtsbereich über Kinn und Wange schreckte mich zutiefst. Die Erklärung: Man hatte ein herrenloses Pferd eingefangen, geschlachtet und untereinander aufgeteilt. Es handelte sich wohl um eins von denen, die von Kavalleristen nach Ende des Krieges einfach freigelassen wurden, weil sich keiner mehr um die Tiere kümmern konnte, wenn die Soldaten selbst in Gefangenschaft gerieten. Obwohl Mutter schon immer eine Antipathie gegen Pferdefleisch hatte, bereitete sie es in ihrer Küche zu und aß bei der vorherrschenden Nahrungsnot davon mit, aber der Ekel vor dem gelblichen Fett hatte bei ihr zu einem schmerzhaften Furunkel unterhalb der Wange geführt.

Rasch machten wir uns nun auf in die Wohnung im ersten Stockwerk. Dort erwartete mich mit offenen Armen meine geliebte Oma, die ich hier gar nicht erwartet hatte.

Mutter hatte sie einige Wochen vor Kriegsende bei sich aufgenommen, nachdem im Schlafzimmer von Großmutters eigener Wohnung eine Brandbombe eingeschlagen war. Die hatte noch die Zwischendecke zertrümmert und war dann im Untergeschoss aufgeprallt ohne zu explodieren. Der Schaden hatte sich – gemessen an den damaligen Verhältnissen – in Grenzen gehalten. Und vor allem: Großmutter überlebte im Luftschutzkeller.

Endlich war ich wieder daheim und glücklich, alle gesund angetroffen zu haben. Das heißt, auf meinen Vater musste ich zunächst noch warten. Er hatte sich gleich nach der Aufhebung der Sperrstunde auf den weiten Weg zur Arbeit im Stadtteil Ohligs gemacht, wo er - nach der Verpflichtung im Rüstungsbetrieb und nach seiner Heimkehr von den Westwallarbeiten - seine Anstellung als Gießer bei der früheren Firma wieder aufgenommen hatte.

An ein großes Semmelbrot erinnere ich mich, welches Mutter für meine Rückkehr wohl irgendwie noch kurzfristig organisieren konnte und das jetzt mit meiner amerikanischen Erdnussbutter, die ich im Handgepäck mitgeführt hatte, von unserer kleinen Runde genüsslich verzehrt wurde. Der kleine Wolfgang, ein Nachbarsjunge, der mich seit meiner Ankunft nicht mehr aus den Augen gelassen hatte, erfreute sich mit an dieser Köstlichkeit.

Am Spätnachmittag kam Vater von der Arbeit zurück. Auch bei ihm war die Freude über die unerwartet frühzeitige Rückkehr riesengroß.

An diesem Abend wollte ich noch so vieles wissen und selbst erzählen, aber die Übermüdung und die Strapazen der Reise machten alldem ein Ende. Endlich im Bett fiel ich in einen tiefen, zufriedenen Schlaf.

22) Im Nachkrieg daheim

Am darauffolgenden Tag überschlugen sich die Ereignisse. Meine Tante Susanna, die Mutter meiner Kusine Helma, erschien aufgeregt am Morgen bei uns.

Es hatte sich in ihrem Stadtteil Ohligs herumgesprochen, dass der Reisebus mit den Kindern wohlbehalten angekommen sei. Aber ihre Helma war nicht dabei gewesen.

Ich konnte ihr nur erklären, dass die mit einem Vater und dessen Tochter vor einigen Tagen Tabarz verlassen hatte. Der führe ein Fahrrad mit fürs Gepäck und sie müssten sehen, dass sie zu Fuß Solingen erreichten. Sie seien aufgebrochen, als unsere baldige Heimfahrt noch völlig ausgeschlossen erschien.

Sie weinte, und wir versuchten, sie zu trösten. Sie solle sich nicht sorgen, denn man müsse bei dieser weiten Strecke ja auch Ruhepausen einlegen. Sie konnten also noch gar nicht zurück sein. Des Nachts könnten die drei ganz sicher bei Bauern in Scheunen unterkommen, was bei diesen sommerlichen Temperaturen nicht allzu schlimm sei.

Etwas beruhigt und hoffnungsvoller machte sie sich mit der Straßenbahn auf den Nachhauseweg, um auf Helmas baldige Rückkehr zu warten.

Mein Gepäck musste von Vater an der Sammelstelle abgeholt werden. Ich wartete sehnsüchtig auf mein Akkordeon, um gleich nach Erhalt all meine klangvollen Lieder zu Gehör zu bringen, was dann auch mit viel Beifall aufgenommen wurde.

Später kam endlich die freudige Nachricht aus Ohligs, dass meine Kusine inzwischen ebenfalls wohlbehalten und zur Erleichterung ihrer Eltern heimgekehrt war.

Der Krieg und seine Folgen hatten aber auch in unserem Vorort reichlich Unheil angerichtet. Bei meinem Umherstreifen in den nächsten Tagen wurde mir erst so richtig bewusst, was für ein sicheres Leben ich während der Zeit meiner Abwesenheit geführt hatte – ganz im Gegensatz zu all den in Solingen Zurückgebliebenen.

Etliche Straßenzüge, an denen ich bei meiner Heimkehr noch nicht vorbeigekommen war, boten ein Bild der Zerstörung, und mehrere Menschen hatten dabei ihr Leben verloren.

Auf einer Wiese, an deren Rändern ich früher mit meiner Mutter im Spätsommer stets Brombeeren gepflückt hatte, erspähte ich einen Panzer, den wohl deutsche Soldaten bei ihrem Rückzug beschädigt und unfahrbar zurückgelassen hatten. Der diente nun spielenden Kindern als Abenteuerspielplatz.

Eine große Bombe, als Blindgänger entschärft, lag noch monatelang vor der evangelischen Kirche am Marktplatz – als Relikt einer hässlichen Zeit. Niemand schien sich daran zu stören.

Die Fremdarbeiter, die man im Krieg zu Schwerstarbeit in den Fabriken und bei den Bauern gezwungen hatte, waren nun frei. Doch ihre Rückkehr, zumeist nach Polen oder Russland, verzögerte sich wohl. Manche schienen es auch nicht eilig zu haben, in ihre Heimat zurückzukehren.

Auf sie wartete in Russland Stalin, ein rücksichtsloser Machtmensch und Despot, der in seinen Soldaten, die sich in deutsche Gefangenschaft ergeben mussten, Volksverräter sah, die man dafür zu bestrafen hatte.

Viele von ihnen rächten sich nun hier vor Ort für ihre Drangsalierungen als Zwangsarbeiter. Verständlicherweise, denn ihnen war übel mitgespielt worden. So war es ihnen zum

Beispiel untersagt, in den Fabriken während Fliegeralarm den Luftschutzkeller aufzusuchen. Waren sie auf Bauernhöfen verpflichtet, wurden sie auch hier nicht immer rücksichtsvoll behandelt.

Fabriken gab es inzwischen kaum mehr. Nun konzentrierte sich ihre Wut auf die Bauern in unmittelbarer Umgebung, deren Lage damit recht gefährlich wurde. Die Übergriffe ereigneten sich zumeist in der Nacht.

Da wir in besonders heißen Sommernächten bei weit geöffneten Fenstern schliefen, weckten uns häufig schrille Trillerpfeifen und lautes Geklapper mit Kochdeckeln. Dabei handelte es sich um einen üblichen, allerdings zumeist vergeblichen Alarm der Landwirte, wenn die ehemaligen Fremdarbeiter versuchten, ihnen das Vieh und anderes Hab und Gut zu stehlen. Einem Bauern, dem ein großer Fischteich gehörte, holten sie sogar am helllichten Tag mit großen Netzen die Karpfen aus dem Wasser, was wir ängstlich beobachten konnten.

Auf dessen Hof fand unser wöchentlicher Katechumenen-Unterricht statt, zu dem mich meine Eltern in Vorbereitung auf die spätere Konfirmation angemeldet hatten, und wir Kinder konnten die dreiste Aktion beobachten.

Der Landwirt leistete keine Gegenwehr, und von der Polizei war weit und breit nichts zu sehen, obwohl die Dienststelle nur etwa 200 Meter entfernt lag.

23) Schwarzmarkt und andere Abenteuer

An allem herrschte großer Mangel. Lebensmittel wie Brot, Butter, Milch, Wurst und Käse bekam man auf Bezugsschein, aber längst nicht mehr so ausreichend wie noch zu Kriegszeiten.

Der Schwarzmarkt blühte, und wer es eben konnte, reiste – mit vollbesetzten Zügen – von der Stadt weg in die weitere Umgebung, um dort bei der Landbevölkerung Dinge gegen Lebensmittel zu tauschen, die man im eigenen Haushalt noch so eben missen konnte.

Vor allem Solinger Stahlwaren waren als Tauschobjekte begehrt, und ich weiß, dass Mutter, die sich auch hin und wieder auf eine dieser Reisen begab, ein Solinger Schälmesser (ein sogenanntes „Zöppken") gegen ein Ei abgab.

Auch Bauernwurst und Speck waren wertvolle „Mitbring-sel", aber dafür ging dann auch unser schönes Vorlagebesteck in den Tausch.

Vater machte sich - arbeitsbedingt – immer am Wochen-ende auf die Fahrt ins sauerländische Städtchen Hemer. Bei den dort stationierten englischen Soldaten tauschte er an einer ihm bekannten Adresse selbstgebrannten Schnaps gegen Zi-garetten und Bohnenkaffee. Ziemlich brenzlig wurde dann je-weils die Rückfahrt. Bei den oftmals durchgeführten Kontrol-len an den Bahnsteigen war man Beschlagnahmungen wehr-los ausgeliefert, so dass man Gefahr lief, ärmer als zuvor nachhause zurückzukehren.

Umso mehr freute sich die Familie, wenn doch alles ge-klappt hatte und Vater mal wieder wohlbehalten daheim an-gekommen war. Für die Zigaretten gab es dann Butter, Mehl, Zucker - von den hiesigen Lebensmittelhändlern, die von dem Verkauf auf Lebensmittelmarken noch immer etwas für sich selbst abzweigen konnten, womit sie einträglich tauschten.

Ein erneuter Schulbesuch verzögerte sich bei mir um fast ein Jahr, was mich insgeheim sehr freute. Ich empfand dabei wieder eine gewisse Freiheit, gerade so wie seinerzeit bei der

Auflösung unseres Schulunterrichts nach dem Einmarsch der Alliierten in Tabarz.

Bei uns zuhause war es nur noch eine Frage der Zeit, meine Eltern zu überzeugen, dass aus ihrer behüteten Tochter inzwischen so etwas wie ein selbstständiger junger Mensch geworden war. Den konnte man ruhig auch einmal alleine nach Köln schicken, um dort die Verwandtschaft in ihrer neuen Bleibe zu besuchen.

Mit ihnen, Tante Mia und Onkel Willi, hatte man schnell wieder brieflichen Kontakt aufnehmen können. Ihnen ging es gut. Sie hatten sich eingerichtet, und Willi hatte seine Arbeit als Herrenschneider im neuen Zuhause aufgenommen. Der unterhielt durch sein Handwerk auch beste Beziehungen zum Schwarzmarkt in seiner Umgebung.

Schwester Regina möge mit Annemie, die man so lange schon vermisse, mal vorbeischauen, so schrieben sie. Und wenn man Hunger auf einen Geflügelbraten habe: Eine alte Frau in ihrer Umgebung benötige für sich und ihren Mann warme Hausschuhe, die sie gerne gegen ein Huhn eintauschen würde.

Vielleicht wollten sie mich nach der ganzen Zeit endlich mal wiedersehen, vielleicht aber auch meine jetzige Gesinnung prüfen, dachte ich mir etwas skeptisch. Meine Sicht auf die Welt war allerdings eine ganz andere geworden, und auch meine Zukunft würde völlig anders verlaufen, als ich sie mir einst erträumt hatte.

Wie auch immer, es erschien mir die Gelegenheit, meinen - sehr beschäftigten - Eltern klarzumachen, dass ich Verwandtenbesuch und Schwarzmarkttausch auch einmal alleine unternehmen könnte.

Gegen Zigaretten fertigte uns ein befreundeter Schuster in kurzer Zeit zwei Paar Pantoffeln in verschiedenen Größen an. Bezogen waren sie aus Stücken von alten Wolldecken mit einem Karomuster, was ihnen ein recht rustikales Aussehen verlieh.

Und endlich war es soweit!

Mit den Ratschlägen meiner besorgten Eltern, gut auf mich aufzupassen, aber auch mit dem Hinweis, etwas mehr als nur ein Huhn für die zwei Paar „Goldstücke" zu ergattern, stand meiner Reise nichts mehr im Weg. Mutter war nicht davon abzuhalten, mich bis zum Bahnhof zu begleiten. Ich könnte schließlich in den falschen Zug einsteigen …

Sie löste meine Fahrkarte und für sich die Bahnsteigkarte. So warteten wir gemeinsam auf die Bahn, die lange nach ihrer Ansage endlich eintraf.

Etliche Menschen, die im überfüllten Zug auf den Trittbrettern mitgefahren waren, sprangen ab, und da viele wohl hier in der Umgebung ihr Zuhause hatten, leerten sich glücklicherweise auch die Abteile.

Die Aussteigenden waren bepackt mit gehamsterter Ware und hatten wohl im nördlich von uns gelegenen Münsterland ihr Glück gesucht – zu tauschen, was so eben ging.

Wer es bis zum hiesigen Bahnhof geschafft hatte, war allerdings noch immer nicht in Sicherheit. Beim Verlassen des Bahnsteigs musste man auch hier mit Kontrollen rechnen. Dann war alle Mühe umsonst gewesen und die Enttäuschung bei den Daheimgebliebenen groß.

Eilig, damit Mutter es sich nicht noch anders überlegte, drängte ich mich in den nicht mehr ganz so vollen Zug, bekam sogar noch einen Sitzplatz, den ich aber bald darauf für einen einarmigen Mann freimachte. Und schon änderte sich wieder alles an den nächsten Stationen: Es gab nur noch Stehplätze und auch davon nicht genug. Es wurde gedrängelt und geschubst. Die meisten Mitreisenden wollten ins Vorgebirge.

Dort gab es bei den Bauern die begehrten Kartoffeln, aber auch Eier und Butter für besonders hochwertige Tauschobjekte.

Ich strebte schon zeitig dem Ausgang zu, in Angst und Sorge, den Zug nicht früh genug verlassen zu können. So stieg ich bereits in Köln-Mühlheim statt in Köln-Hauptbahnhof aus. Außerhalb des Bahnhofs sah ich von weitem eine Rheinbrücke, die man hier wohl eiligst als Provisorium wiederaufgebaut hatte. Ich habe die Köln-Mülheimer Brücke im damaligen Zustand einer Fußgängerbrücke in Erinnerung. Sie galt es zu überqueren, um ans linksrheinische Ufer zu gelangen. Unter den Querbalken zu meinen Füßen rauschte der Strom, was bei mir eine leichte Übelkeit auslöste. Wasser war schließlich nicht so mein Ding ...

Auf der anderen Rheinseite angelangt und wieder mit festem Boden unter den Füßen wurde ich aber schon sicherer. Die Heimfahrt von Thüringen durch verwüstete Städte und in die eigene zerstörte Heimatstadt hatte bei mir wohl zu einer gewissen Abgeklärtheit geführt, so dass ich die Trümmerberge dieser einstmals so schönen Stadt mit ihrem – immer noch – mächtigen Dom nur kurz wahrnahm und nach Wegbefragung zügig der Amsterdamer Straße, dem Wohnort meiner

Verwandten, zustrebte. Die Freude, ihre Nichte wohlbehalten wiederzusehen, war groß, und ihre Bewunderung über meine alleine angetretene, abenteuerliche Reise tat gut.

Ein leckeres Essen kam mir gerade recht. Hier bei ihnen gab es keinen Mangel an Nahrung. Sie schienen in der Tat die besten Beziehungen zum illegalen Tauschhandel zu haben.

Bis zum späten Abend hin wollte man alles über mein anderthalb Jahre andauerndes Lagerleben im fernen Thüringen erfahren. Bereitwillig gab ich Auskunft.

Meine jetzige Gesinnung schien sie jedoch nicht so sonderlich zu interessieren. Vielleicht auch aus Mitleid über meine damaligen „Höhenflüge" der Verblendung mit dem nachfolgenden, für mich bitteren Absturz.

24) Der Hahn

Am nächsten Morgen machte ich mich auf den Weg zur „Händlerin". Sie lebte als Ausgebombte in einer Gartensiedlung und zeigte reges Interesse an den Pantoffeln.

Als Gegenleistung bot sie schließlich zwei Päckchen Kaffee und einen Hahn. Eigentlich wollte sie ihn auf der Stelle schlachten, aber da protestierte ich. „Den nehme ich lebend", sagte ich voller Mitleid.

Sie packte ihn in einen alten, brüchigen Korb, den sie nicht mehr brauchen konnte, und schon machte ich mich mit meiner gackernden Fracht auf den Rückweg. Natürlich erregte ich Aufsehen mit dem Federvieh, und am Ende staunten auch Onkel und Tante.

Zu meiner Freude überreichten sie mir noch ein Pfund Butter und ein halbes Dutzend gekochter Eier sowie die für mein Wohlbefinden so wichtige (und zurzeit so rare) Schokolade.

Dem Hahn, der noch die Zeit bis zu meiner Abreise in einem umgestülpten Kübel verbrachte, nähte Onkel Willi einen dicken Stoffbeutel, den wir dann mit viel Zeitungspapier ausstopften. Mit einer Schlaufe am oberen Ende konnte man den so zusammenbinden, dass nur noch sein kleiner Kopf oben herausschaute.

Der Hahn blickte aufmerksam in die Umgebung. Bis auf einige versuchte Flügelschläge hatte sich das arme Tier wohl in sein Schicksal ergeben. Zwei weitere Schlaufen erlaubten es mir, dieses Gepäckstück wie einen Rucksack zu tragen.

Viel Aufsehen erregte ich mit meiner lebenden Fracht im Zug bei der Rückfahrt nach Solingen. Ein ganz Schlauer bot mir für den Hahn ein Eimerchen Rübenkraut. Aber auf den Handel ließ ich mich im Hinblick auf meine gute Beute nicht ein.

Zuhause angekommen musste der Hahn weiterhin verteidigt werden, diesmal gegen meine Eltern. Ich wehrte mich dagegen, das Tier für einen guten Braten zu schlachten.

Was für Strapazen hatte ich unternommen, diese schwierig handhabbare und mit der Zeit recht übelriechende Fracht sicher nachhause zu bekommen.

Schließlich wurde mir klar, dass der Hunger meiner Familie auf eine solche Delikatesse größer war als mein Mitleid mit der armen Kreatur. Ich musste nachgeben, und so stand einem Sonntagsbraten dann nichts mehr im Wege, den ich mir letztendlich auch schmecken ließ.

Gerne war ich bereit, mich in der schulfreien Zeit für weitere Tätigkeiten einbinden zu lassen. Vater arbeitete, Mutter führte den Haushalt und betreute unsere betagte Großmutter.

Zwischendurch begaben sie sich auf ihre Hamsterfahrten, wobei Vater ab und zu ein paar Tage Urlaub bei seinem Arbeitgeber nehmen musste, weil er immer weite Touren auf sich nahm.

Ich entlastete die Eltern, indem ich alle zwei Tage zu einem fünf Kilometer langen Marsch aufbrach. Das Ziel war ein abgelegener Bauernhof, der zur Nachbargemeinde Wuppertal-Vohwinkel gehörte.

Da Vater mit der dortigen Landwirtfamilie noch weitläufig verwandt war, konnte ich bei denen tatsächlich noch mit Geld bezahlen. Wenn man bedenkt, dass eine Zigarette in dieser Zeit fünf Reichsmark im Schwarzhandel kostete, war unser Obolus an Bargeld eher rein symbolisch.

Aber ganz so selbstlos war dieser Handel nun auch wieder nicht. Von diesem Landwirt bezog Vater Weizen auf Tauschbasis. Nicht etwa, um Brot zu backen, sondern den verkochte er zu einer sogenannten Maische, die nach der Gärung in Mutters Küche ordentlich erhitzt und über eine selbst erbaute Destillationsapparatur zu hochprozentigem Alkohol „gebrannt" wurde. In Flaschen abgefüllt fand der schnell seine Abnehmer.

Schnapsbrennen war ein sehr riskantes Unterfangen, nächtlich durchgeführt, wenn kaum Menschen unterwegs waren, denn an dem verräterischen Alkoholgeruch, der aus dem Abwasserkanal emporstieg, konnte man bei dieser streng verbotenen Tätigkeit sehr rasch geortet werden. Es waren zugegebenermaßen illegale Machenschaften, mit denen die Menschen sich damals versuchten, über Wasser zu halten. Aber die Lage war schwierig, und jeder bemühte sich, so gut es ging, für sich und seine Familie das Beste daraus zu machen.

Doch es gab daneben auch noch viel Nachbarschaftshilfe. Alte, alleinstehende Personen bekamen dann ebenfalls ihren Anteil. So verzichtete Mutter des Öfteren auf eine Kanne Brombeeren, die ich, gemeinsam mit den Nachbarskindern, an abgelegenen Wiesenrändern sammelte, und auf Brennholz, das wir von Trümmergrundstücken mitbrachten.

Sie gab es an eine Bekannte weiter, die mit ihrem kranken, erwachsenen Sohn in der Nachbarschaft wohnte, und immer dann, wenn wieder eine Hamsterfahrt gelungen war, gab es auch für sie die begehrten Eier, etwas Butter und Speck.

25) Frost, Not, Kohle, Holz

Es waren die eiskalten Winter der Nachkriegszeit, die der Bevölkerung besonders stark zusetzten.

Die Zuteilungen für Kohlen reichten nicht aus, um auch nur eine einzige warme Stube zu haben, und so wechselte schon mal beim Kohlenhändler ein Sack Briketts gegen eine Flasche Schnaps den Besitzer. Davon profitierten natürlich auch unsere Hausnachbarn, die vom nächtlichen Treiben meines Vaters an der Destille wussten, ihn aber niemals verraten würden.

Auch Brennholz war sehr begehrt. So hielt Vater bei unseren Sonntagsspaziergängen im Stadtwald Ausschau nach dem ein oder anderen jungen Baum, der gerade gewachsen sein musste und nicht viele Seitenäste haben durfte. Der wurde bei Nacht, ebenfalls mit „Nachbarschaftshilfe", gefällt, zersägt und per Schlitten abtransportiert.

Bei diesem Abenteuer kamen wir größeren Kinder gerne mit, saßen dann aber auch mit klopfendem Herzen in der Dunkelheit auf den mitgebrachten Rodelschlitten, fröstelten und lauschten den etwas weiter entfernten Sägegeräuschen, die unsere Eltern verursachten.

Die schwereren Holzstämme wurden unter großer Anstrengung herbeigeschleppt und auf den Schlitten festgebunden. Und dann ging es eilig heimwärts.

Dabei kam es bisweilen zu Begegnungen mit weiteren Mitbürgern, die genau wie wir sich die Dunkelheit der Nacht zunutze machten, um an das begehrte Brennholz zu gelangen. Das hatte zur Folge, dass nur wenige Jahre später der Baumbestand bereits wieder neu aufgeforstet werden musste.

Nur die alten, großen Bäume hatten überlebt - und das weniger aus Umweltbewusstsein, sondern wegen der doch sehr eingeschränkten Möglichkeiten des diskreten Abtransports.

Alle anderen waren von der frierenden Bevölkerung illegal abgeschlagen und verheizt worden. Wer fragte denn in dieser schweren Zeit überhaupt noch nach Recht und Gesetz, zumindest was die Beschaffung von lebensnotwendigen Gütern anging.

Jeder sehnte sich in diesen eiskalten Wintermonaten nach einem warmen Zuhause und ausreichend Essen auf dem Tisch. Insbesondere der Hunger machte allen zu schaffen.

Da kam für uns schon mal ein Paket von Tante Paula aus Chicago gerade recht. Sie hatte gleich nach Kriegsende die Verbindung wieder aufgenommen, aus „Sorge um ihr Mütterlein", wie sie schrieb, was wir gut nachvollziehen konnten.

Ihr ging es bestens in Amerika. Sie bemühte sich, keine Vorwürfe anklingen zu lassen und keine Vorhaltungen zu machen, was die Hitler-treue Verwandtschaft sich da in Deutschland selbst eingebrockt hatte.

Die Care-Pakete mussten beim Zollamt abgeholt werden. Meist waren sie schon ausgeplündert, und das Beste wie Bohnenkaffee und Schokolade hatte bereits andere Besitzer gefunden.

So war es eben damals. Recht und Ordnung blieben auf der Strecke. Gegen bestehende Gesetze wurde ganz selbstverständlich verstoßen, und Unrechtsbewusstsein kam gar nicht erst auf.

Auch nicht bei uns. Da wurde Schnaps gebrannt, auf dem Schwarzmarkt gehandelt und im Stadtwald Bäume abgeschlagen, alles Gesetzesverstöße. Aber in dieser Zeit war sich jeder selbst der Nächste.

Eine Erinnerung habe ich an ein Paket, das uns Adolfs Frau Käthe sandte. Sie lebte mit ihrer kleinen Tochter Rosemarie noch immer bei ihrer Mutter auf dem Land im hessischen Goddelsheim bei Korbach, wo ich sie ja auch 1942 für einige Monate besucht hatte. Zurzeit hoffte sie noch immer auf die Heimkehr ihres Mannes, der als vermisst galt.

Neben Speck und Dauerwurst schickte sie uns ein Stück Eisbein. Das Paket musste aber bereits länger unterwegs gewesen sein, so dass ihm beim Aufmachen ein unangenehmer Geruch entströmte.

Das Eisbein hatte sich bereits etwas grünlich verfärbt, wie man schnell feststellte. Was sollte es? Das Fleisch wurde mehrmals gut abgespült und anschließend in einer Erbsensuppe verwendet, die mit leichtem Widerwillen gelöffelt wurde.

Unter heutigen Gesichtspunkten mochten es undenkbare hygienische Verhältnisse gewesen sein. Aber man war ja froh, wenn man überhaupt etwas hatte.

26) In Flur und Feld

Im Jahr 1946 besuchte ich dann wieder eine Schule. Es war die Höhere Schule für Mädchen in Wuppertal, auf der mich mein Vater angemeldet hatte.

Dank meiner Kenntnisse in allen Hauptfächern ersparte man mir nach einer Prüfung die Sexta, und so nahm ich den Unterricht als 14-Jährige in der Quinta auf.

Das Schulgeld konnte mein Vater nun bezahlen, denn zu dieser Zeit hatte Geld keinen großen Wert mehr für die allgemeine Haushaltsführung. Da waren Naturalien jetzt viel wichtiger.

Meine Begeisterung für diese Fortsetzung meines Schulbesuchs hielt sich in Grenzen. Der Zwang, nun wieder lernen zu müssen, dem ich mich früher bereitwillig beugte, widerstrebte mir im neuen System total. Am Nachmittag Schulaufgaben zu erledigen, erschien mir als lästig, so dass ich schon mal einen Deutschaufsatz während der morgendlichen Fahrt mit der Straßenbahn zur Schule schrieb, auf die Schnelle und von entsprechender Güte.

Mutter wunderte sich zwar, dass die Hausaufgaben bei mir nicht mehr viel Zeit in Anspruch nahmen, doch meinem Hinweis, dass mir der Lehrstoff von meiner früheren Schule bereits bekannt sei, schenkte sie Glauben.

So stand dem Treffen mit früheren Freundinnen, die nicht aufs Gymnasium gingen, sowie anderen Aktivitäten nichts mehr im Weg. Zu tun gab es genug.

Auch wollte ich weiterhin meinen Beitrag zur Nahrungsbeschaffung leisten, vom Milchabholen beim Bauern, was immer mal wieder anstand, bis hin zum Sammeln von Früchten in Wald und Flur.

Im Herbst hatte ich eine Vorliebe für das Auflesen von Bucheckern. Das war eigentlich eine mühselige Arbeit, die ich aber gerne machte. Bei den Nachbarskindern jedoch, die tunlichst mitgehen sollten, stieß das auf wenig Gegenliebe. Sie ließen sich dennoch überreden, mich zu begleiten.

Drei große, alte Buchen im schönen Blumental, wo wir noch vor einigen Jahren unsere Muttertagsträuße gepflückt hatten, die waren mein Ziel. Die Ausbeute der anderen fiel immer sehr gering aus, während ich fleißig sammelte und einiges mit nachhause brachte. Nachdem wir daheim in mühseliger Kleinarbeit die Schalen entfernt hatten, verwendete Mutter sie als Nussersatz für leckere Plätzchen.

Überhaupt hatten der Sommer und die Herbstzeit einiges an zusätzlicher Nahrung zu bieten. Wenn das Korn reif war und die Garben, die wir „Hussten" nannten, darauf warteten, in die Scheunen zum Dreschen abgeholt zu werden, versteckten wir uns in den zusammengestellten Ährenbüscheln und trennten mit einer Schere die Weizenrispen von den Halmen.

Natürlich wurden Felder hin und wieder vom Bauer überwacht. So richtig schlimm wurde es für uns, wenn er einen seiner Hunde mitführte. Vor deren Schnüffelnasen gab es kein Entrinnen.

So machten wir uns am Sonntag um die Mittagszeit daran, wenn der Landwirt sich nach dem Kirchgang auf seinen Weg zur Mittagsmahlzeit nachhause begeben hatte und dort bei Tisch saß. Dann füllten wir eiligst unsere mitgebrachten Handkörbe.

Auch hier hielt sich die Freude meiner Eltern über unseren Diebstahl in Grenzen, insbesondere wohl, weil der Bauer in unmittelbarer Nachbarschaft lebte. Da war es ihnen peinlich, wenn wir dem die Hussten plünderten.

Mein eigener Standpunkt war hingegen klar: Von dem bekamen wir keine Milch, sondern die musste ich ja von einem weit entfernten Bauernhof herbeischleppen.

„Und wie ist es mit dem Abholzen der Bäume im Stadtwald und der heimlichen Schwarzbrennerei?", entgegnete ich auf die Einwände meiner Eltern. „Das ist doch schließlich auch alles verboten."

Nach der Kartoffelernte im Herbst gab man die Felder frei, und die Bevölkerung strömte in Scharen hin, um auch noch nach der letzten Kartoffel zu graben.

Für mich dort mitzumachen war Ehrensache. Mit Hacke und Eimer bewaffnet eilte ich nach der Schule, das Mittagessen auslassend, sogleich los.

Die Bauern hatten zumeist schon im Morgengrauen begonnen zu ernten und das mit großer Gründlichkeit, so dass es da nicht mehr allzu viel zu holen gab. Aber mit kleiner Ausbeute kehrte ich trotzdem immer heim.

Mit meinen schulischen Leistungen ging es somit auch rasch wieder bergab. Mir waren die Nebenbeschäftigungen zur Nahrungsbeschaffung weit wichtiger als das Lernen –

trotz allgemeiner Ermahnung meiner Eltern, mich mehr auf meine Schularbeiten zu konzentrieren. Lust auf Schule hatte ich absolut nicht mehr. Zum „Jäger und Sammler" war ich geworden.

Das Sitzenbleiben hatte allerdings auch damals keinen allzu guten Ruf, und auf der Schule müsste ich bleiben, wie Vater befahl.

Nicht mehr ganz so faul stellte ich mich „auf die Hinterbeine", und so gelang mir der Übergang in die Quarta im Frühjahr 1947, allerdings mit nicht allzu überzeugenden Schulnoten. Meine Eltern hatten Besseres erwartet, doch für mich stand fest: Hauptsache versetzt.

Die Konfirmation wurde vorbereitet, zu Hause und in der Kirche. In den dazu gehörigen zweijährigen Konfirmandenunterricht war ich immerhin fröhlich und gerne gegangen, aber nicht wegen des Lehrstoffs, sondern wegen der Möglichkeit, mich mit Gleichaltrigen zu treffen.

So machten wir nach dem Unterricht im Schutze der Dunkelheit unseren Ortskern rund um die Kirche unsicher, indem wir an den Schellen der Häuser klingelten, bei anderen auch schon mal die Holzladen der alten Fachwerkhäuser aus ihren Angeln hoben und abschleppten, um sie ein paar Ecken weiter zu verstecken. Wir standen zwar bisweilen unter Verdacht, aber erwischen konnte man uns nicht bei unseren Streichen: Längst waren wir über alle Berge.

Der große Tag der Konfirmation nahte. Mutter sammelte bereits seit Wochen Abschnitte unserer Lebensmittelkarten, die sie eben entbehren konnte. Bei der Feier sollte den Gästen all das geboten werden, was man in dem Maße schon lange nicht mehr genossen hatte.

Vater unternahm noch eine kurze Hamsterfahrt, um Butter und Eier für den Kuchenteig herbeizuschaffen. Ein Baum als Brennholz musste her, um für die nötige Wärme in diesem noch kühlen Frühjahr zu sorgen: natürlich wieder heimlich abgeholzt – und das für ein christliches Fest.

Ein weiteres entbehrungsreiches Jahr stand uns noch bevor. Die Tages- und Wochenabläufe änderten sich nicht. Es war trostlos. Stets ging es um Nahrungsbeschaffung und in der kalten Jahreszeit zusätzlich um Kohle und Holz.

Die Schule war für mich nur noch eine lästige Pflicht. Ein Anreiz hinzugehen stellte immerhin eine warme Mahlzeit in

Form einer Milchsuppe oder Puddingspeise dar, die von einem Hilfswerk der Alliierten gespendet wurde. Dann saßen wir kurz vor Schulschluss in unserem Klassenraum und löffelten nach der Austeilung in mitgebrachte Essgefäße diese leckere Mahlzeit.

In einem Café in unmittelbarer Nähe zu meiner Straßenbahnhaltestelle wurde kurz Einkehr gehalten. Dort gab es für 50 Pfennige eine Tasse heißes Wasser mit einem Brühwürfel, der mich besonders bei kalten Außentemperaturen für den langen Heimweg etwas aufwärmte.

27) Zu Besuch in Köln

Die Ferienzeit nahm mich voll in Anspruch. Fahrten nach Köln wurden für mich zur Routine. Wie gerne besuchte ich inzwischen meine Kölner Verwandten, die meine Hitlerbegeisterung nie mit mir geteilt hatten.

Mia und Willi besaßen ihr inzwischen gut florierendes Schneideratelier in der Amsterdamer Straße. Sein handwerkliches Können war sehr gefragt. Überall mangelte es an Kleidung, und so wurde aus einem ehemaligen Wehrmachtsmantel ein warmer grauer Damenrock, der zu einer Jacke aus Naturpelz passte, die man als Kostbarkeit aufbewahrt und nicht gegen Lebensmittel getauscht hatte.

Für mich war es ein Vergnügen, einige Tage dort zu verbringen. Außerdem war ich stets herzlich willkommen, und Schokolade lag immer für mich bereit.

Da Mia und Willi, unterstützt von einem Gesellen, reichlich mit Arbeit beschäftigt waren, führte mich mein Weg durch die nahegelegene Flora zum Rhein, wo ich mit dem „Mülheimer Bötchen" für ein paar Mark auf dem Strom hin und her schippern konnte. Dabei vergaß ich völlig, dass ich eigentlich doch sehr wasserscheu war.

Bei den abendlichen Gesprächen erfuhr ich bald auch vom Schicksal der Nürnberger Verwandtschaft. Nachdem Otto durch die Luftangriffe mit Zerstörung seines Konzerns die Arbeitsstelle verloren hatte, war er zunächst als Zahlmeister zur Wehrmacht verpflichtet worden (Abb.25).

In dieser Position hatte er auch weiterhin „wertvolle Dienste im Sinne seiner Partei" geleistet, wie Willi es nun ironisch nannte. Seine Frau Katharina hatte Otto zuvor auf dem Land in Sicherheit gebracht, nachdem ihr Stadthaus ebenfalls ausgebombt worden war.

Abb.25: Otto als Zahlmeister bei der Wehrmacht

Warum hatten meine Eltern mir all das verschwiegen? Wenn diese Kunde bei den Kölner Verwandten angekommen war, mussten sie doch auch davon erfahren haben! Nun gut, sie wussten es längst, meinten aber, es mir nicht auf die Nase binden zu müssen. Die Nürnberger waren doch zu Kriegszeiten meine großen Vorbilder gewesen, die mir am meisten imponierten mit ihrer Treue zu Adolf Hitler.

Und was ich damals so gar nicht wissen sollte, weil es meinen Eltern schwer auf der Seele lag, war die Tatsache, dass sich Otto seit Kriegsende in Köln versteckte. Ausgerechnet in der Stadt, die ich jetzt so häufig aufsuchte.

Für ihn als überzeugten Nazi brachte der Zusammenbruch harte Konsequenzen mit sich, in einem Ausmaß, die ihn jetzt sehr eingeschüchtert und verschreckt hatten.

Er desertierte von seinem Dienst als Zahlmeister und konnte sich in den Wirren der Nachkriegszeit ins Rheinland und nach Köln absetzen. Dort fand er Unterschlupf bei einer befreundeten Familie in Köln-Braunsfeld. Deren Fabrik war ausgebombt, und in einem der Kellerräume war er vor Verfolgung sicher.

Versorgt wurde er heimlich mit dem Nötigsten. Warum diese Familie ein so hohes Risiko auf sich nahm, ihn zu schützen? Meine Eltern haben es nie erfahren.

28) Neues Geld, neue Zeit

Endlich! Das Jahr 1948 bescherte uns die Währungsreform. Ausschließlich die guten Erinnerungen daran blieben bei mir im Gedächtnis. Von einem Tag auf den anderen füllten sich die Schaufenster und Theken der Geschäfte mit Textilien und Lebensmitteln in nichtgeahnter Fülle. Pro Kopf gab es von amtlicher Stelle 40 Deutsche Mark.

Ich weiß noch: Mutter gab mir eine der neuen DM-Münzen. Ich eilte ins nahegelegene „Konsum". Dort bekam ich meine erste Tafel Schokolade für reguläres Geld, die ich mit Heißhunger verschlang.

Meine größte Freude bereitete mir aber insgeheim die Tatsache, dass mein Vater das Geld für das Gymnasium nicht mehr aufbringen konnte. Zur damaligen Zeit waren das 120 DM vierteljährlich, ein Drittel des Geldes, das uns durch seinen Arbeitslohn überhaupt zur Verfügung stand.

Mit einiger Anstrengung und nicht besonders guten Noten hatte ich die Versetzung in die Untertertia noch so eben geschafft. Jetzt hieß es, Abschied zu nehmen von meinen Mitschülerinnen, denen es im Übrigen auch nicht besser erging.

Denn viele Eltern benötigten das neu verdiente Geld mal erst wieder für Textilien sowie Kleiderstoffe, die man selbst vernähte, für Schuhe und natürlich für Hausrat, der in den verflossenen Jahren bei Hamsterfahrten im Tauschhandel versetzt wurde. Da musste vieles neu angeschafft werden.

Wer noch ersparte, alte Reichsmark besaß, konnte sie später, in einer zweiten Phase eintauschen und bekam dann die Hälfte des Wertes in DM ausgezahlt. Doch bei uns gab es derartige Rücklagen nicht.

Ich besuchte eine Berufsschulklasse für Frauen, wo unter anderem viel Wert auf Kochen und Nähen gelegt wurde. So vorbereitet startete ich in einen ganz anderen Lebensabschnitt, als früher erträumt. Ich begann eine Schneiderlehre.

Nebenbei lernte ich Stenographie und Schreibmaschine, um eventuell eine Anstellung in einem Büro zu bekommen. Sowohl Nähen als auch Tippen betrieb ich nur mit mäßigem Interesse an einem späteren beruflichen Einsatz.

Soweit kam es dann aber auch nicht mehr. ich hatte als Sportart meine Liebe zum Tischtennis entdeckt und ging dieser Beschäftigung mit größerem Eifer – und auch besserem

Erfolg – nach. Beim Sommerfest meines Sportsvereins im Jahr 1950 lernte ich meinen späteren Mann kennen, der als Bassist der dort auftretenden Musikkapelle zum Tanz aufspielte.

Wir heirateten im Januar 1952. Ich war 18 und er 22 Jahre alt. Im gleichen Jahr kam unsere Tochter zur Welt, und ihr folgte im Juli 1958 unser Sohn. Da hatten wir bereits eine etwas geräumigere Wohnung: zweieinhalb Zimmer mit Etagenbad.

Ich verblieb als Frau – ganz im Klischee der damaligen Zeit – für Haushalt und Kinder zuständig, während der Mann das Geld verdiente, zwar nicht mehr als Musiker in einer Kapelle, sondern im bürgerlichen Beruf eines gelernten Rundfunktechnikers.

Der schöne Märchenspruch: „Und wenn sie nicht gestorben sind, dann leben sie noch heute, entspricht in unserem Falle sogar der Realität. Im Januar 2020 begingen wir so zunächst einmal unserem 68ten Hochzeitstag.

Anmerkung der Autorin

Meine Verwandten wurden mit ihren Echtnamen benannt, andere Personen zum Teil anonymisiert. Was aus einigen von ihnen geworden ist, sei hier noch kurz aufgeführt:

Paula

Solange meine Großmutter noch lebte (sie starb im Sommer 1946), erreichten uns Care-Pakete von Paula aus Chicago. Später kamen dann einige Briefe, in denen sie beteuerte, wie sehr sie um ihr Mütterlein traure.

Später brach der Kontakt zu mir und meinen Eltern aber gänzlich ab. Die Verbindung mit Schwester und Schwager aus Köln hielt sie aufrecht – wohl auch wegen der Gesinnungsgleichheit in Bezug auf die ihr so verhassten Nationalsozialisten.

In ihre Heimat kehrte sie nie mehr zurück und starb in den 60er Jahren - bereits im Ruhestand - in den Vereinigten Staaten.

Adolf und Käthe

Schwer gezeichnet von Krankheiten kehrte mein Onkel Adolf 1948 aus russischer Kriegsgefangenschaft zu seiner kleinen Familie zurück. Er, der sich nach Kriegsbeginn freiwillig zur Wehrmacht gemeldet hatte, galt seit 1944 zunächst als vermisst.

In Solingen ausgebombt, wohnten sie noch eine Zeitlang bei Käthes Mutter im kleinen hessischen Dorf Goddelsheim bei Korbach, wo ich im Jahr 1942 zwecks Luftveränderung ein Vierteljahr zur Schule gegangen war.

Nachdem sie durch die Vermittlung meines Vaters eine Wohnung in Solingen-Gräfrath gefunden hatten, kehrten sie in unsere Stadt zurück. Mit einem ihrer Enkel stehen wir bis heute in Kontakt.

Otto und Katharina

Ottos Versteck in Köln musste er aufgeben, da es ihm durch beginnende Aufräumarbeiten nicht mehr sicher genug erschien. So wurde er bei der Rückkehr zu seiner Frau in

Nürnberg aufgegriffen, verhaftet und im Rahmen einer Entnazifizierung zu niedrigen Dienstleistungen herangezogen. Das führte bei ihm und Katharina zu schweren Depressionen. Er verstarb Anfang der 50er Jahre als gebrochener Mann.

Seine Frau überlebte ihn noch um 10 Jahre, umsorgt von einer Haushälterin. Katharina starb in geistiger Umnachtung.

Willi und Mia

Willi und Mia betrieben weiterhin ihr Schneideratelier in Köln. Nachdem Mia 1955 an einer Krebserkrankung gestorben war, schloss Willi Anfang der 60iger Jahre sein Geschäft. Er verabschiedete sich von seiner Solinger Verwandtschaft, um sich auf die Reise nach Amerika zu machen und, wie er sagte, Paula in Chicago zu besuchen. Von seiner Ankunft dort und seinem weiteren Leben fehlen alle Erkenntnisse.

Die Ohligser Familie blieb wie wir in Solingen wohnen, und mit deren Nachkommen haben wir ebenfalls weiterhin Kontakt.

Ortsverzeichnis

Liste der Abbildungen im Text

25 Schwarzweiß-Fotos der 30/40er Jahre (aus Privatbesitz) sind dem Text zugeordnet.

Danksagung

Ein herzliches Dankeschön gilt meiner Familie, meinem Mann und meinen Kindern, die mir den Ansporn gaben, diese Erinnerungen in Buchform zu veröffentlichen.

Große Unterstützung verdanke ich meiner Tochter Gudrun Tossing, die mir mit ihren eigenen Kenntnissen und Erfahrungen als Autorin bei Durchsicht und Gestaltung eine wertvolle Hilfe war.

Inhalt

Zeitfracht Medien GmbH
Ferdinand-Jühlke-Straße 7
99095 Erfurt, Deutschland
produktsicherheit@kolibri360.de